Minna no Nihongo

みんなの日本語

Niveau Intermédiaire II

中級II翻訳・文法解説 フランス語版
Traduction & Notes Grammaticales

スリーエーネットワーク

© 2014 by 3A Corporation

All rights reserved. No part of this publication may be reproduced, stored in a retrieval system, or transmitted in any form or by any means, electronic, mechanical, photocopying, recording, or otherwise, without the prior written permission of the Publisher.

Published by 3A Corporation.
Trusty Kojimachi Bldg., 2F, 4, Kojimachi 3-Chome, Chiyoda-ku, Tokyo 102-0083, Japan

ISBN 978-4-88319-620-3 C0081

First published 2014
Printed in Japan

Préface

Minna no Nihongo Chukyu II (Japonais pour tous, niveau intermédiaire Tome II) a été conçu et édité sous la forme d'une méthode complète succédant à **Minna no Nihongo Chukyu I** (Japonais pour tous, niveau intermédiaire I).

Minna no Nihongo Chukyu I a été élaboré pour les apprenants cherchant à atteindre le niveau intermédiaire, assurant une continuité depuis **Minna no Nihongo Shokyu** (niveau débutant). Du fait de la clarté avec laquelle les points clés d'apprentissage sont expliqués et des différentes langues dans lesquelles l'explication est disponible, cette méthode est aujourd'hui utilisée très largement dans différents établissements d'enseignement aussi bien au Japon qu'à l'étranger, comme ressource pédagogique non seulement pour les apprenants adultes, mais également pour les étudiants d'université ou des écoles spécialisées visant à accéder à l'enseignement supérieur.

Ces derniers temps, le nombre de personnes non japonaises vivant au Japon a augmenté, ce qui intensifie les interactions entre les Japonais et non-Japonais dans divers domaines. De même, les activités dans les communautés locales impliquant Japonais et non-Japonais sont devenues de plus en plus courantes et diversifiées.

Face à un tel contexte de diversification de l'environnement à l'intérieur du Japon et de la multiplication des apprenants du japonais, nous avons reçu de nombreuses requêtes de la part de divers domaines, demandant la publication d'un deuxième tome faisant suite à **Minna no Nihongo Chukyu I**.

En réponse à cette forte demande, nous avons le plaisir de présenter le présent ouvrage, élaboré suite à un travail de collaboration considérable de rédaction, à de nombreux essais et de révisions par l'équipe des enseignants de japonais et des chercheurs ayant tous une riche expérience sur le terrain.

Les conditions minimum nécessaires du niveau débutant de Japonais sont, pour celui qui a besoin de communiquer en japonais, la capacité de faire comprendre son intention et de comprendre ce que dit son interlocuteur. Or le niveau intermédiaire est un palier où on requiert non seulement la compétence de communication en japonais, mais aussi la capacité de comprendre la culture et les coutumes spécifiques du Japon, ainsi que ce qu'on appelle l'esprit japonais. De surcroît, l'apprenant de ce niveau éprouvera du plaisir dans l'apprentissage même du japonais. Nous sommes certains que cet ouvrage répondra amplement à ces besoins.

Pour terminer, nous tenons à remercier sincèrement ceux qui ont apporté leur contribution sous la forme d'avis, de souhaits, dans tous les domaines et dans l'expérimentation du manuel en classe. 3A Corporation a l'intention d'élargir ses réseaux entre personnes à travers le développement et la publication des méthodes d'apprentissage qui seront nécessaires dans les contextes caractérisés par l'interculturel.

Nous vous prions de bien vouloir nous honorer de votre soutien et de vos encouragements.

Mars 2012
3A Corporation
Président directeur général
Takuji Kobayashi

Notes explicatives

I. Structure du manuel

La méthode **Minna no Nihongo Chukyu II** est composée d'un livre principal (avec 2 CD) et d'un livre de **Traduction & Notes Grammaticales** (qui sera disponible dans plusieurs langues, en plus de la version anglaise déjà publiée).

Cette méthode du niveau intermédiaire avancé s'adresse aux apprenants ayant terminé **Minna no Nihongo Shokyu I** et **II** (débutant, 300 heures) et **Minna no Nihongo Chukyu I** (intermédiaire élémentaire, 150 heures), et vise à les aider à acquérir les compétences globales pour lire/écrire et parler/écouter ainsi que l'autonomie, nécessaire pour atteindre le niveau avancé.

Chaque leçon de **Minna no Nihongo Chukyu II** est organisée selon cet ordre: lire et écrire, parler et écouter, grammaire et pratique. Cet ordre, différent de celui de **Minna no Nihongo Shokyu I** et **II** et **Minna no Nihongo Chukyu I**, a été conçu afin d'optimiser la progression de l'apprentissage pour le niveau intermédiaire avancé.

II. Contenu

1. *Livre principal* (avec 2 CD)

(1) Leçons

Le contenu et l'ordre de présentation de chaque leçon sont les suivants :

1) lire et écrire

Pour chaque leçon, est sélectionné un texte de lecture avec un niveau approprié et un thème répondant à l'intérêt des apprenants.

L'apprenant lira la totalité du texte sans se préoccuper des mots inconnus afin de saisir l'idée essentielle du texte, en se référant à 「読むときのポイント」(points à noter lors de la lecture).

La liste du nouveau vocabulaire de chaque leçon figure dans l'ouvrage **Traduction & Notes Grammaticales** vendu séparément, cependant il est conseillé à l'apprenant de faire dans un premier temps une lecture naturelle et réaliste, en inférant le sens d'un mot par son contexte ou en le vérifiant à l'aide d'un dictionnaire, par exemple.

1. 考えてみよう (Essayons de réfléchir)

Cette activité permet à l'apprenant de bien préparer la lecture, en activant ses connaissances concernant le thème et le contexte du texte de lecture.

2. 読もう (Lisons)

「読むときのポイント」(points à noter lors de la lecture) est présenté préalablement au texte de lecture. Cette section précise les indices, les stratégies et les techniques de lecture nécessaires pour comprendre le contenu et saisir l'ensemble du texte. L'objectif est de rendre l'apprenant capable de comprendre la façon dont le texte est développé et de saisir l'essentiel du texte de manière précise et rapide.

3. 確かめよう (Vérifions)

   Cette activité vise à vérifier que les tâches données par « points à noter lors de la lecture » ont été accomplies correctement, d'une part et d'autre part, que l'idée globale du texte a été saisie et que le sens des mots a été assimilé dans le contexte.

4. 考えよう・話そう (Réfléchissons et discutons)

   Dans cette partie, l'apprenant est incité à réfléchir sur les tâches liées au texte principal, à exprimer son opinion en s'appuyant sur son expérience ou son sentiment, et à parler de manière continue.

5. チャレンジしよう (Challenge)

   Il est demandé à l'apprenant d'effectuer des tâches développées à partir du texte principal et de rédiger un texte. Pour l'aider à accomplir ces activités, sont données quelques indications sur le lexique, le style du texte, le nombre de caractères (200-800 caractères environ) et l'organisation du texte, etc...

2) Parler et écouter

« Parler et écouter » de **Minna no Nihongo Chukyu II** est organisé à partir du syllabus thématique et fonctionnel relatif à chaque section « Parler et écouter ».

La première partie (de la leçon 13 à la leçon 18) présente essentiellement des situations d'interaction sociale afin de développer chez l'apprenant la capacité de s'exprimer de façon appropriée au thème, au contenu et à l'interlocuteur. Dans les dialogues, les aspects authentiques de la conversation (empathie, compliment, modestie, consolation, encouragement, différents styles liés aux relations humaines) sont présentés.

La seconde partie (de la leçon 19 à la leçon 24) traite des diverses situations de présentation orale, telles que la salutation, l'interview, l'exposé (transmettre une information), la discussion, le discours et l'entretien d'embauche, etc. Différents aspects sont traités tels que savoir indiquer le sujet de conversation, présenter des informations et des données ainsi que l'apprentissage des expressions spécifiques de parler en tenant compte de l'interlocuteur.

1. やってみよう (Essayons)

   C'est une partie introductive à la conversation cible.

   L'apprenant essaie d'accomplir les tâches données, dans des situations décrites, en utilisant ses propres ressources linguistiques.

2. 聞いてみよう (Écoutons)

   L'apprenant écoute le contenu et les expressions de la partie「会話・発表」(Conversation et présentation) du CD.

3. もう一度聞こう (Écoutons encore une fois)

   En écoutant de nouveau le CD, l'apprenant complète le texte de「会話・発表」(Conversation et présentation) en remplissant les parties _____.

4. 言ってみよう (Essayons de prononcer)

L'apprenant essaie de prononcer comme le CD en regardant les illustrations et en prêtant attention à la prononciation et à l'intonation.

5. 練習しよう (Pratiquons)

L'apprenant met en pratique les expressions et les mots fonctionnels utilisés dans la partie de « Conversation et présentation », dans différentes situations conversationnelles.

6. チャレンジしよう (Challenge)

Il est demandé à l'apprenant de prendre la parole dans les situations données pour pratiquer les fonctions communicatives présentées comme cibles de chaque leçon.

3) Grammaire et Pratique

La section « Grammaire et Pratiques » de chaque leçon est composé d'une partie « lire et écrire » et d'une autre « parler et écouter ».

1. Dans « lire et écrire » et « parler et écouter » respectivement, chaque point de grammaire (structure-clé) est classé étant soit un « point pour la compréhension », soit un « point pour la production ».
2. Aussi bien dans la partie « points pour la compréhension » que « points pour la production », chaque point est présenté par une phrase-clé en guise de titre, extraite des textes de « lire et écrire » et de « parler et écouter ». Dans chaque phrase, la partie correspondant au point clé d'apprentissage est en caractère gras.
3. Dans la partie « points pour la compréhension », les exemples-type sont présentés pour faciliter la compréhension de l'apprenant. Les questions à choix binaire permettent à l'apprenant de vérifier sa compréhension sur le sens et la fonction des structures de la phrase.
4. Dans la partie « points pour la production », les exemples-type permettent d'abord une bonne compréhension des structures. Par la suite, les différentes activités de production sont proposées afin d'orienter l'apprenant vers des activités langagières de la vie courante.

4) Exercices

Les « exercices » en fin de chaque leçon comprennent deux parties : « I. Compréhension orale (signalée par le symbole de CD 🔊) » et « II. Lecture ». Les exercices contiennent non seulement les structures-clés, le vocabulaire et les expressions présentés dans la leçon, mais également ont été sélectionnés les scènes et les contenus du texte de « conversation et présentation », ainsi que les ouvrages et les articles, en accordant de l'importance à l'objectif pédagogique, au thème et aux fonctions-clé de chaque leçon. La section « Exercices » ne se limite pas à la simple révision des points clés appris, mais vise à développer la compétence globale de compréhension et à enrichir la vie langagière de l'apprenant, à travers des activités de résolution des questions.

(2) Quelques notes sur l'usage de kanji

1) Les kanji sont sélectionnés, en règle général, de「常用漢字表」(liste officielle des kanji d'usage courant) et de son annexe.

   1. Les「熟字訓」(kanji composés ayant une prononciation spéciale) qui figurent dans l'annexe de la liste officielle sont écrits en kanji.
      Ex : 友達 (ami), 眼鏡 (lunettes), 風邪 (rhume), 一人 (une personne)

   2. Certains noms propres (nom de personne, non de lieu) et les termes spécialisés dans les domaines tels que l'art et la culture sont écrits en kanji même si ces kanji ne figurent pas dans la liste officielle.
      Ex : 世阿弥 (Zeami), 文藝 (« lettres et art »), 如月 (février)

2) Certains mots sont écrits en hiragana par souci de facilité de compréhension, même si leur kanji figurent dans la liste officielle ou son annexe.
   Ex : ある（有る、在る）(il y a), いまさら（今更）(maintenant), さまざま（様々）(divers)

3) Les nombres sont en général écrits avec les chiffres arabes.
   Ex : 9時 (9 heures), 10月2日 (le 2 octobre), 90歳 (90 ans)
   Cependant les kanji sont utilisés dans certains cas tels que :
   Ex : 一日中 (toute la journée), 数百 (quelques centaines), 千両 (mille ryo)

4) En règle générale, les kanji du niveau débutant ne sont pas accompagnés de furigana (transcription de la prononciation par hiragana).

   1. Cette règle ne s'applique pas pour les mots avec kanji composés qui incluent les kanji du niveau intermédiaire.

   2. Les kanji du niveau intermédiaire sont accompagnés de furinaga seulement au moment de leur première apparition dans la leçon concernée.

   3. Lorsque les même kanji apparaissent sur une double page de « lire et écrire » et « parler et écouter », seulement les kanji de la première apparition sont munis de furigana.

(3) Points clés d'apprentissage

Les points de grammaire de chaque leçon sont présentés en deux colonnes : « lire et écrire » et « parler et écouter », et les différentes nuances de couleur indique si ils sont classés respectivement dans la partie « points pour la compréhension » ou la partie « points pour la production ».

1) Lire et écrire

Les éléments figurant dans cette colonne sont les suivants : le titre du « texte de lecture » de chaque leçon, l'objectif ainsi que les points de grammaire (au total 77) définis comme des points pour la compréhension (au total 34) ou des points pour la production (au total 43).

2) Parler et écouter

Les éléments figurant dans cette colonne sont les suivants : le titre de la « conversation et présentation » de chaque leçon, l'objectif ainsi que les points de grammaire (au total 41) définis comme des points pour la compréhension (au total 20) et les points pour la production (au total 21).

La terminologie grammaticale n'est pas utilisée pour décrire les points de grammaire. Les combinaisons grammaticales sont présentées de la façon suivante :

Lorsque la partie qui s'associe est une locution ou un nom, elle est indiquée par « ～ ».

Ex : ～といった (Leçon 14)

Lorsque la partie qui s'associe est une phrase, elle est indiquée par « ... ».

Ex : …という (Leçon 15)

Cependant, même si la partie connectée est une phrase, elle est indiquée par « ～ » si elle prend une forme finale spécifique telle que て -forme, た -forme, forme dictionnaire, たら -forme, ている -forme, et ば -forme...

Ex : ～たところ (Leçon 16)

(4) Notes grammaticales supplémentaires

1) Cette partie présente les points de grammaire supplémentaires du niveau intermédiaire, étudiés dans **Minna no Nihongo Chukyu I** et **Minna no Nihongo Chukyu II**. Ces notes sont proposées pour répondre aux divers souhaits des apprenants visant à atteindre le niveau avancé ou à maîtriser le japonais de spécialité, etc.

2) Les points de grammaire sont présentés en cinq grandes catégories selon leur sens ou leur fonction :
   1. S'exprimer avec des particules composées (locution composée de plus de 2 mots, équivalent d'une particule) ;
   2. S'exprimer avec des conjonctions ;
   3. S'exprimer avec des expressions variées à l'aide des suffixes ;
   4. Exprimer des attitudes subjectives et des sentiments au moment de parler ;
   5. Mentionner l'état d'une action ou d'un phénomène qui se déroule dans le temps.

3) Chaque structure de la phrase est accompagnée de phrases-type.

4) Les explications sur la signification et la fonction de chaque structure-clé, ainsi que la traduction des phrases-type figurent dans **Traduction & Notes Grammaticales**.

(5) Index

1) Nouveau vocabulaire (environ 2,430 mots)
2) Expressions pratiques de conversation (53 mots)
3) Kanji (339 kanji de la liste officielle d'usage courant apparus dans les « textes de lecture » des 12 leçons, excepté les kanji du niveau débutant et les 315 kanji présentés dans **Minna no Nihongo Chukyu I**)

4) Les points de grammaire (« grammaire et pratique » « notes grammaticales supplémentaires » et « points clés de l'apprentissage de *Minna no Nihongo Chukyu I* ») (au total 357 structures-clés)

(6) Corrigé

1) Corrigé

   1. « Lire et écrire », « parler et écouter » et « grammaire et pratiques »
   2. « Exercices »

      (Certains exercices ont plus d'une réponse possible en fonction du contexte de l'apprenant. Il s'agit simplement d'un modèle de réponse).

2) Script du dialogue de « parler et écouter »
3) Script de compréhension orale des exercices de révision en fin de chaque leçon
4) Contenu du CD

(7) CD

Ces CD contiennent les parties suivantes : le « texte de lecture » de la section « lire et écrire », les « conversation et pratiques » de la section « parler et écouter » et la « compréhension orale » de la section « exercices ». De la même manière que *Minna no Nihongo Chukyu I*, l'apprenant pourra utiliser ces matériels pour se rendre compte de la richesse des expressions verbales, en vue de développer sa compétence opérationnelle.

2. *Traduction & Notes Grammaticales*

Ce livre, disponible en différentes langues, contient la partie préliminaire aux leçons (« préface », « notes explicatives » « pour ceux qui utilisent ce matériel » et « personnages ») ainsi que le « nouveau vocabulaire », les « Notes grammaticales », les « Points clés d'apprentissage » et les « Notes grammaticales supplémentaires ».

(1) Nouveau vocabulaire et sa traduction

À chaque leçon, le nouveau vocabulaire, les expressions pratiques de conversation et les noms propres sont présentés successivement. Pour chaque section, les mots sont présentés dans l'ordre d'apparition.

(2) Notes grammaticales

Les significations et les fonctions des points pour la compréhension et la production, apparus dans les textes principaux, sont expliquées dans différentes langues. En particulier, dans la section des points pour la production, les significations et les fonctions de ces points sont expliqués de manière très précise pour que l'apprenant les utilise à l'oral ou à l'écrit.

(3) Notes grammaticales supplémentaires

Cette partie couvre les points de grammaire supplémentaires du niveau intermédiaire, déjà étudiés dans *Minna no Nihongo Chukyu I* et *Minna no Nihongo Chukyu II*.

Pour ceux qui utilisent ce matériel

Ces notes expliquent quelques points essentiels afin que vous puissiez apprendre efficacement avec le livre principal de **Minna no Nihongo Chukyu II** (avec 2 CD) et le livre d'accompagnement (vendu séparément et disponible en plusieurs langues) **Traduction & Notes Grammaticales**.

I. *Minna no Nihongo Chukyu II* (avec 2 CD)

1. Lire et écrire (textes de lecture)

Les textes de lecture correspondent au niveau intermédiaire avancé et présentent des thèmes sélectionnés dans le but de susciter l'intérêt et la curiosité des apprenants. Vous lisez le texte, discutez sur ce que vous avez compris et apprenez à rédiger un texte structuré par paragraphe. Au début de chaque leçon, l'objectif et les indices pour la compréhension écrite sont indiqués.

1) 考えてみよう Réfléchissons : Réfléchissez sur le thème et discutez en avec d'autres personnes avant de lire le texte.

2) 読もう Lisons : Lisez le texte principal en faisant référence aux indications de「読むときのポイント」(Points à noter lors de la lecture). Devinez d'abord la signification d'un mot dans son contexte et ensuite vérifiez-le dans le livre **Traduction & Notes Grammaticales** ou à l'aide d'un dictionnaire.

3) 確かめよう Vérifions : Vérifiez que vous avez bien compris le contenu du texte. En fonction de votre besoin, vous pouvez faire plusieurs va-et-vient entre les questions et le texte.

4) 考えよう・話そう Réfléchissons et discutons : Réfléchissez sur le thème relatif au texte, discutez en avec vos amis et faites une présentation de ce thème.

5) チャレンジしよう Challenge : Rédigez un texte sur le thème développé dans le contenu du texte principal, suivant les consignes indiquées.

2. Parler et écouter (Conversation et présentation)

Le thème de la section de « conversation et présentation » est lié à celui du « texte de lecture » de la même leçon. Au début de chaque leçon, l'objectif et les fonctions communicatives sont présentés.

Dans la première partie (de la leçon 13 à la leçon 18), vous étudiez à l'aide de conversations dans le but d'apprendre à établir de bonnes relations interpersonnelles et à communiquer de manière plus fluide.

Dans la seconde partie (de la leçon 19 à la leçon 24), vous perfectionnerez votre aptitude à vous exprimer dans différentes situations : interview, exposé oral, discussion, discours, entretien d'embauche...

1) やってみよう Essayons d'abord : Avant d'aborder chaque leçon, essayez de tester votre compétence à vous exprimer dans une situation donnée.

2) 聞いてみよう Écoutons : Après avoir cerné les personnages et les points à noter lors de l'écoute, écoutez le CD et essayez de comprendre le contenu et les expressions.

3) もう一度聞こう Écoutons encore une fois : Écoutez de nouveau le CD et complétez les _____ par les mots clés et les expressions de conversation appropriés.

4) 言ってみよう Prononçons : En observant les illustrations, répétez les énoncés du CD en faisant attention à la prononciation et à l'intonation.

5) 練習しよう Pratiquons : Mettez en pratique les expressions de conversation de chaque leçon et jouez les dialogues selon les situations et les fonctions communicatives données.

6) チャレンジしよう Challenge : Ce sont des exercices avancés. Faites une conversation et une présentation librement en vous appuyant sur le cadre et la mise en scène de la partie « conversation et présentation » de chaque leçon.

3. Grammaire et pratique

Les phrases-type présentées en guise de titre de chaque point de la section « grammaire et pratiques » sont extraites des textes de « lire et écrire » et de « parler et écouter » de chaque leçon. La partie correspondante à la structure de la phrase est indiquée en caractère gras.

À chaque leçon, les structures de la phrase de « lire et écrire » et de « parler et écouter » sont présentées dans l'ordre suivant : d'abord les « points pour la compréhension » suivi des « points pour la production ».

Dans la partie « points pour la compréhension », lisez d'abord les phrases-type pour bien comprendre la signification et la fonction de ces points, ensuite vérifiez votre compréhension en choisissant une bonne réponse entre a et b.

Dans la partie « points pour la production », lisez d'abord les phrases-type pour bien comprendre la signification et la fonction de ces points, ensuite, pratiquez les pour parler et écrire.

4. Exercices (révision)

Vérifiez si votre objectif de « lire et écrire » et de « parler et écouter » de chaque leçon est atteint et si la signification et la fonction de chaque point de grammaire et le nouveau vocabulaire sont bien compris.

1. Compréhension orale

   Écoutez la partie « Conversation et présentation » (CD) relative au thème et aux fonctions de chaque leçon. Vérifiez si vous avez bien compris les expressions et le contenu présentés.

2. Lecture

   Lisez un texte relatif au thème et à la fonction de chaque leçon, vérifiez que vous avez compris le vocabulaire, les expressions et le contenu du texte.

   Comme la partie « Exercice » utilise les articles authentiques d'un journal ou d'un essai, le niveau de vocabulaire et des expressions peuvent dépasser le niveau intermédiaire. Mais essayez de tester vos capacités en déployant toutes vos ressources linguistiques et les stratégies que vous avez acquises. Les corrigés se trouvent dans un fascicule séparé.

5. Notes grammaticales supplémentaires

Ces notes complètent les points de grammaire que vous avez appris dans **Minna no Nihongo Chukyu I** et **Minna no Nihongo Chukyu II**. Si vous cherchez à atteindre un niveau avancé de japonais ou à maîtriser le japonais de spécialité, tentez d'étudier cette partie.

6. **CD (🔊 symbole de CD)**

    La partie marquée du symbole du CD est enregistrée en CD.

    1) 「読む・書く」(「読もう」) Lire et écrire (Lisons)

        Écoutez le texte en faisant attention aux aspects suivants : quelle partie est lue avec insistance ou sans insistance, quel est le rythme du texte et quel ton est utilisé ?

    2) 「話す・聞く」(「聞いてみよう」「もう一度聞こう」) Parler et écouter (Écoutons, Écoutons encore une fois)

        L'enregistrement inclut des effets réels relatifs à la situation authentique (bruits, différence de voix en fonction de la distance, etc.). Écoutez l'enregistrement en imaginant la situation.

    3) 「問題」Exercices

        Écoutez le dialogue de « compréhension orale » sur le CD. Répondez aux questions en suivant les consignes vocales.

II. *Traduction & Notes Grammaticales*

La partie préliminaire aux leçons du livre principal (« préface », « notes explicatives », « pour ceux qui utilisent ce matériel » ainsi que « personnages ») est traduite. « Terminologie utilisée pour l'explication grammaticale » et « abréviation » qui ne figurent pas dans le livre principal sont également traduites. Parmi les personnages, il y a des personnes qui sont là depuis ***Minna no Nihongo Chukyu I*** (niveau intermediaire I) mais il y a des personnes qui apparaissent à partir de ce ***Minna no Nihongo Chukyu II***. Accueillez-les comme vos nouveaux amis.

1. **Nouveau vocabulaire et sa traduction**

    Dans chaque leçon, le nouveau vocabulaire, les expressions de conversation et les noms propres sont présentés successivement. Pour chaque partie, les mots sont rangés dans l'ordre d'apparition.

2. **Notes grammaticales**

    Ces notes expliquent les significations et les fonctions des structures-clés de la phrase, étudiées dans « Grammaire et pratique » de chaque leçon. En particulier, dans la section des points pour la production, les significations et les fonctions de ces structures-clé sont expliqués de manière très précise pour que vous puissiez les utiliser lorsque vous parlez ou écrivez en japonais.

3. **Notes grammaticales supplémentaires**

    La partie « Notes grammaticales supplémentaires » complète les points de grammaires déjà étudiés dans ***Minna no Nihongo Chukyu I*** et ***Minna no Nihongo Chukyu II***.

Minna no Nihongo Chukyu II accorde une importance particulière à votre autonomie d'apprentissage pour que vous puissiez vous appuyer sur vos acquis linguistiques antérieurs du niveau débutant jusqu'au niveau intermédiaire élémentaire. Ainsi cette méthode a été conçue pour vous permettre d'acquérir une compétence équivalente au niveau intermédiaire requis, à savoir la capacité de lire un texte, parler sur un sujet et de faire un résumé, ou encore de rédiger un texte en vue de faire une présentation orale.

Nous espérons que ce manuel vous aidera dans votre apprentissage du japonais du niveau intermédiaire et servira comme un appui sûr pour avancer vers l'étape suivante.

Terminologie utilisée pour l'explication grammaticale

日本語	Français	課	日本語	Français	課
あらたまった形	forme soutenue	14	限定	limiter à un élément	*
あらたまった表現	expression soutenue	16	語幹	radical	15
言い換え	reformulation	14	固有名詞	nom propre	18
意志	intention	17	誘いかけ	invitation	*
意志動詞	verbe volitif	22	叱る	réprimander	17
解釈	interprétation	14	時間名詞	nom temporel	19
書き言葉	langage écrit	15	指示	indication	*
格助詞	particule casuelle	18	事実	fait	17
確信	conviction	*	修飾する	déterminer	14
確認	confirmation	*	終助詞	particule finale	20
硬い文体	texte de discours formel	22	主語	sujet	22
感覚	sensation	14	手段	moyen	17
感情	sentiment	*	出現	apparition	14
聞き手	auditeur	13	述語	prédicat	14
帰結	conséquence	13	順接	conjonction dans la relation résultante	*
希望	souhait	17	状況	situation	17
義務	obligation	17	条件	condition	*
疑問詞	pronom interrogatif	*	上昇イントネーション	intonation montante	17
逆接	conjonction adversative	*	状態	état	14
共感	empathie	13	状態動詞	verbe d'état	13
空間名詞	nom spatial	19	助詞相当の語句	locution équivalente à la particule	*
くだけた話し言葉	langage parlé familier	13	請求	réclamation	16
くだけた表現	expression familière	18	接続語	conjonction	*
継続	continuité	14	接尾語	suffixe	*
形容詞文	phrase adjectivale	14	説明	explication	14
原因	cause	16	先行文	phrase précédente	15

		課			課
選択（せんたく）	sélection	*	人を表す名詞（ひとをあらわすめいし）	nom indiquant une personne	21
対比する（たいひする）	comparer	*	非難（ひなん）	critique	17
断定（だんてい）	assertion	*	比喩的（ひゆてき）	métaphorique	13
中止形（ちゅうしけい）	forme suspensive	22	複合助詞（ふくごうじょし）	particules composées	*
付け加える（つけくわえる）	ajouter	*	普通形（ふつうけい）	forme neutre	13
提案（ていあん）	suggestion	*	部分的否定（ぶぶんてきひてい）	négation partielle	*
定義（ていぎ）	définition	14	古い表現（ふるいひょうげん）	expression archaïque	21
丁寧形（ていねいけい）	forme polie	17	文末（ぶんまつ）	fin de phrase	13
丁寧な話し言葉（ていねいなはなしことば）	langage parlé poli	14	文脈（ぶんみゃく）	contexte	14
出来事を表す名詞（できごとをあらわすめいし）	nom exprimant un événement	16	補足（ほそく）	complément	*
て形（てけい）	て forme	22	補足説明（ほそくせつめい）	explication complémentaire	13
転換（てんかん）	changement de sujet	*	名詞文（めいしぶん）	phrase nominale	14
伝聞（でんぶん）	ouï-dire	15	命令（めいれい）	ordre	17
動作動詞（どうさどうし）	verbe d'action	13	要求（ようきゅう）	demande	16
動作を表す名詞（どうさをあらわすめいし）	nom exprimant une action	19	様相（ようそう）	aspect	*
認識（にんしき）	reconnaissance	14	様態（ようたい）	manière	*
話し言葉（はなしことば）	langage parlé	17	要望（ようぼう）	demande	16
話し手（はなして）	locuteur	13	理由（りゆう）	raison	17
反事実（はんじじつ）	contrefactuel	16	例示する（れいじする）	illustrer avec des exemples	*
判断（はんだん）	jugement	14	連体修飾（れんたいしゅうしょく）	détermination du nom	15
反復（はんぷく）	répétition	14			
非意志動詞（ひいしどうし）	verbe non volitif	22			
比較（ひかく）	comparaison	18			
必要（ひつよう）	nécessité	19			
否定形（ひていけい）	forme négative	18			

* indique les termes utilisés dans la troisième partie « Notes grammaticales supplémentaires ».

Abréviation

N	Nom（名詞）
A	Adjectif（形容詞）
い A	い -adjectif（い形容詞）
な A	な -adjectif（な形容詞）
V	Verbe（動詞）
V ます -forme	Verbe ます -forme（動詞ます形）
V forme dictionnaire	Verbe forme dictionnaire（動詞辞書形）
V ない -forme	Verbe ない -forme（動詞ない形）
V た -forme	Verbe た -forme（動詞た形）
V て -forme	Verbe て -forme（動詞て形）

Personnages

マイク・ミラー／ Mike Miler
Américain,
employé d'IMC

中村 秋子／ Nakamura Akiko
Japonaise,
responsable des ventes à IMC

イルワン／ Ilwan
Turc,
directeur de succursale à
Osman Carpets

山田 一郎／ Yamada Ichiro
Japonais,
employé d'IMC (Osaka)

太郎／ Taro
Japonais,
écolier,
fils de Ichiro et Tomoko Yamada

山田 友子／ Yamada Tomoko
Japonaise,
employée de banque

ジョン・ワット／ John Watt
Anglais,
professeur à l'université Sakura

木村 いずみ／ Kimura Izumi
Japonaise,
présentatrice de télévision,
épouse de John Watt

カリナ／ Karina
Indonésienne,
etudiante à l'université Fuji

イー・ジンジュ／ Lee Jin Ju
Coréenne,
chercheure à AKC

ジャン／Jean
Français,
etudiant à l'université Sakura

小川／Ogawa
Japonais,
etudiant à l'université Sakura

山口／Yamaguchi
Japonaise,
etudiante à l'université Sakura

張／Cho
Chinoise,
etudiante à l'université Sakura

森／Mori
Japonais,
professeur à l'université Sakura

ジョゼ・サントス／Jose Santos
Brésilien,
employé de Brazil Air

マリア・サントス／Maria Santos
Brésilienne,
épouse de Jose Santos

池田／Ikeda
Japonais,
employé de Brazil Air

優太／Yuta
Japonais,
fils d'Ikeda et Miranda

ミランダ／Miranda
Mexicaine,
épouse d'Ikeda

∗ IMC (compagnie de logiciel d'ordinateur)

∗ AKC (Institut de Recherche sur l'Asie)

Table des matières

Préface

Notes explicatives

Pour ceux qui utilisent ce matériel

Terminologie utilisée pour l'explication grammaticale

Abréviation

Personnages

Première partie   Nouveau vocabulaire

Leçon 13 2

Leçon 14 10

Leçon 15 18

Leçon 16 25

Leçon 17 33

Leçon 18 40

Leçon 19 45

Leçon 20 52

Leçon 21 60

Leçon 22 67

Leçon 23 76

Leçon 24 83

Notes grammaticales supplémentaires 90

Deuxième partie
Explications grammaticales

Leçon 13 ··· 96

読む・書く

1. ～たて
2. たとえ～ても
3. ～たりしない
4. ～ほど

話す・聞く

5. …んだって？
6. ～ながら
7. つまり、…という／ってことだ
8. …よね。

Leçon 14 ··· 101

読む・書く

1. ～際
2. ～といった
3. ～に（も）わたって
4. ～うちに
5. ～にとって
6. ～とは
7. ～において
8. …わけだ
9. …のではないだろうか

話す・聞く

10. …っけ？
11. ～げ

Leçon 15 ··· 107

読む・書く

1. …という
2. ～たびに
3. ～に関する
4. …わけではない

5．…のではないか
6．…のだ

話す・聞く

7．…ほどのものじゃない
8．〜だけでなく
9．〜といえば

Leçon 16 ············ 113

読む・書く

1．〜に応(おう)じる・〜に応(おう)じて
2．〜によって
3．〜とみられる
4．…としている
5．〜にもかかわらず
6．…とともに
7．〜たところ

話す・聞く

8．あんまり…から
9．…ところだった
10．〜に限(かぎ)って

Leçon 17 ············ 118

読む・書く

1．〜からなる
2．〜としては
3．〜上(じょう)
4．〜により
5．〜ことから
6．〜ざるを得(え)ない

話す・聞く

7．〜てはじめて
8．〜ったら
9．〜にしては
10．…からには
11．〜でしょ。

Leçon 18 ……………………………………………………………………… 123

読む・書く
1．…に違いない
2．〜に比べて
3．…ものだ・ものではない

話す・聞く
4．〜た
5．だって、…もの。
6．〜たところで
7．〜だって
8．〜こそ

Leçon 19 ……………………………………………………………………… 128

読む・書く
1．〜を対象に
2．〜ばかりでなく
3．〜にほかならない
4．〜を通して
5．〜から〜にかけて
6．〜はともかく
7．〜ためには

話す・聞く
8．決して〜ない

Leçon 20 ……………………………………………………………………… 132

読む・書く
1．〜のもとで
2．そう
3．…ぞ。
4．…と同時に
5．〜しかない
6．〜の末
7．〜て以来
8．…くらい

話す・聞く
9．〜をこめて
10．〜ば〜だけ
11．〜たとたん（に）
12．〜からといって

Leçon 21 137
読む・書く
1．〜もせずに
2．〜といえども
3．よほど〜でも
4．いかに〜か
5．…とか。
6．〜に言わせれば

話す・聞く
7．〜に基づいて
8．〜と言える
9．一方（で）
10．〜に限らず

Leçon 22 141
読む・書く
1．〜次第だ
2．〜をもって…とする
3．〜においては
4．〜うる
5．…のであろう
6．〜と思われる

話す・聞く
7．〜としても
8．〜（よ）うにも…ない
9．〜わりに
10．〜べきだ
11．〜というより

Leçon 23 ······ 147

読む・書く
1. 〜に及(およ)ぶ
2. …可能性(かのうせい)がある
3. この〜
4. 〜上(うえ)で
5. 〜につれて

話す・聞く
6. 〜ことに
7. 〜恐(おそ)れのある／がある
8. 〜までもない
9. 〜がきっかけで・〜をきっかけに
10. 〜をはじめ

Leçon 24 ······ 152

読む・書く
1. 〜ざる〜
2. 〜から〜に至(いた)るまで
3. 〜きる
4. 〜ならぬ〜
5. 〜さえ〜ば
6. 〜として〜ない
7. 〜以上（は）
8. 〜ないかぎり
9. 〜わけにはいかない／ゆかない
10. 〜あまり（に）

Points clés d'apprentissage ······ 156

Troisième partie
Notes grammaticales supplémentaires ······ 163

Première partie

Nouveau vocabulaire

Leçon 13

読む・書く

株式会社	かぶしきがいしゃ	société anonyme
随筆	ずいひつ	essai
経過[する]	けいか[する]	passer
変化[する]	へんか[する]	changer
心情	しんじょう	sentiments
勘違い[する]	かんちがい[する]	se méprendre
日常[的]	にちじょう[てき]	quotidien
社交	しゃこう	relations sociales
雑談[する]	ざつだん[する]	bavarder
入園料	にゅうえんりょう	tarif d'entrée
大人	おとな	adulte
小人	しょうにん	enfant
そのうち		peu après, bientôt
注目[する]	ちゅうもく[する]	remarquer
語	ご	mot
思考[する]	しこう[する]	penser
問い	とい	question
全文	ぜんぶん	texte entier
のみこむ		comprendre
佃煮	つくだに	aliments se conservant grâce à sa cuisson dans de la sauce soja et du sucre (ex. algues)
以後	いご	désormais, après
以降	いこう	à partir de, après
以来	いらい	depuis
一体	いったい	(Quoi, qui, pourquoi) ... donc?
四字熟語	よじじゅくご	mot composé de quatre kanji
熟語	じゅくご	mot composé, locution
適度[な]	てきど[な]	modéré
いや		non

いな		non (langage écrit)
適切[な]	てきせつ[な]	approprié
一進一退	いっしんいったい	un pas en avant un pas en arrière (tantôt avancer tantôt reculer)
試行錯誤	しこうさくご	essais et erreurs
月日	つきひ	temps
要する	ようする	nécessiter
ただ		seulement
浮かぶ	うかぶ	venir à l'esprit
月極／月決め	つきぎめ	mensuel
来日[する]	らいにち[する]	venir au Japon
詰める	つめる	remplir, mettre
街	まち	rue, ville
看板	かんばん	enseigne
解読[する]	かいどく[する]	décrypter, déchiffrer
出くわす	でくわす	rencontrer, tomber sur
パーキング		parking
頭[～に付く]	あたま[～につく]	[être attaché au] début (d'un mot)
和英辞典	わえいじてん	dictionnaire japonais-anglais
辞典	じてん	dictionnaire
ひょっとして		peut-être, si ça se trouve
オーナー		propriétaire
苗字	みょうじ	nom de famille
あるいは		ou
ムーン		lune
エンド		fin
ネーミング		dénomination (pour un produit, une marque ...)
なんとなく		vaguement, sans raison
頭に入れる	あたまにいれる	se mettre dans la tête
見慣れる	みなれる	s'habituer à voir
範囲	はんい	champ
広がる	ひろがる	s'étendre
横断[する]	おうだん[する]	traverser
どうやら		vraisemblablement

市場[駐車場〜]	しじょう[ちゅうしゃじょう〜]	marché [du parking]
独占[する]	どくせん[する]	monopoliser
一部上場	いちぶじょうじょう	coté au premier marché de la Bourse
上場[する]	じょうじょう[する]	s'introduire en bourse
思い込む	おもいこむ	croire fermement, s'imaginer
突っ走る	つっぱしる	foncer
在日	ざいにち	résidant au Japon
とりあえず		d'abord
観光物産館	かんこうぶっさんかん	maison des produits du terroir et de l'artisanat
観光	かんこう	tourisme
目に入る	めにはいる	apercevoir
国語辞典	こくごじてん	dictionnaire du japonais
忍ばせる	しのばせる	cacher
〜ごと[月〜]	[つき〜]	chaque [mois]
契約[する]	けいやく[する]	passer un contrat
定義[する]	ていぎ[する]	définir
慣用	かんよう	usage courant
一瞬	いっしゅん	un moment
パッと		soudainement
たとえ		même si
読み違える	よみちがえる	mal lire
日々	ひび	quotidiennement
書き入れる	かきいれる	remplir
かまわない		ne pas se soucier de, ce n'est pas grave.
書き留める	かきとめる	noter
五月蝿い	うるさい	bruyant
時雨	しぐれ	brève averse (d'automne)
向日葵	ひまわり	tournesol
流れ[文章の〜]	ながれ[ぶんしょうの〜]	développement [du texte]

話す・聞く

ことわざ		proverbe
取り違える	とりちがえる	mal interpréter

情けは人のためならず	なさけはひとのためならず	Si l'on est charitable, ce sera bénéfique aussi pour soi.
お好み焼き	おこのみやき	galette à la japonaise, spécialité d'Osaka. On mélange les ingrédients de son choix (légumes, viande ou fruit de mer, etc.) dans de la pâte et on la cuit sur une plaque chauffante. Elle est servie avec de la sauce épaisse sucrée salée.
話題	わだい	sujet de conversation
戻す	もどす	reprendre
思い違い	おもいちがい	quiproquo
自分自身	じぶんじしん	soi-même
わいわい		avec enthousiasme
ホームパーティー		soirée chez soi
ぴったり		parfaitement
どうにか		d'une manière ou d'une autre
直訳[する]	ちょくやく[する]	traduire littéralement
災い	わざわい	malheur
遠ざける	とおざける	écarter
門	かど	famille (litt. portail)
福	ふく	bonne fortune
結構[〜多い]	けっこう[〜おおい]	assez [〜 nombreux]
辛党	からとう	personne qui préfère l'alcool aux sucreries
甘党	あまとう	personne qui aime les sucreries
知ったかぶり	しったかぶり	faire semblant de connaître
一時	いっとき	un instant
恥	はじ	honte
関連[する]	かんれん[する]	être relatif à
広げる[話を〜]	ひろげる[はなしを〜]	développer [〜 l'histoire]
ベストセラー		meilleure vente
コンパ		soirée entre amis
共感[する]	きょうかん[する]	éprouver de l'empathie
逆さま[な]	さかさま[な]	à l'envers
言い換える	いいかえる	reformuler

13

知り合い	しりあい	connaissance
石の上にも三年	いしのうえにもさんねん	Sur une pierre durant trois ans (Si l'on persévère, on finit par réussir).
住めば都	すめばみやこ	Si l'on habite à un endroit, il devient la capitale. (Si l'on est habitué à un endroit, il devient l'endroit idéal.)
都	みやこ	capitale, ville
住み慣れる	すみなれる	s'habituer à habiter (à un endroit)
猿も木から落ちる	さるもきからおちる	Même le singe tombe de l'arbre. (Même celui qui est doué peut échouer.)
木登り	きのぼり	fait de grimper sur un arbre
〜など		〜 etc.

文法・練習

しぼる		traire
入社[する]	にゅうしゃ[する]	entrer dans une entreprise
口に出す	くちにだす	dire, exprimer verbalement
我慢[する]	がまん[する]	supporter
我慢強い	がまんづよい	patient
掃除機	そうじき	aspirateur
ため息	ためいき	soupir
あふれる		déborder
たまる[ごみが〜]		[les déchets 〜] s'accumuler
受験生	じゅけんせい	étudiant préparant son concours
都心	としん	le cœur d'une grande ville
双子	ふたご	jumeaux
世界的[な]	せかいてき[な]	mondial
スター		vedette, star
シーズン		saison
約〜	やく〜	environ 〜
割	わり	pourcentage, 10 %
休暇	きゅうか	congé, vacances
いとこ		cousin
同士[いとこ〜]	どうし	entre [〜 cousins]

ルーズ[な]		négligent
売上げ	うりあげ	recette, vente
落ちる[売上げが〜]	おちる[うりあげが〜]	[les recettes 〜] baisser
工学部	こうがくぶ	faculté de technologie
入り直す	はいりなおす	reprendre
関係[音楽〜]	かんけい[おんがく〜]	relatif [〜 à la musique]
ポテトチップス		chips
インスタント食品	インスタントしょくひん	alimentation instantanée
インスタント		instantané
食品	しょくひん	produit alimentaire
あきる		se lasser

問題

高みの見物	たかみのけんぶつ	regarder en tant que spectateur, assister à
気が置けない	きがおけない	(personne avec laquelle) on se sent à l'aise, intime
大家	おおや	propriétaire (d'un logement en location)
言い訳[する]	いいわけ[する]	donner une excuse
手土産	てみやげ	cadeau (apporté par l'invité)
あったま、きちゃったな。		Ça m'énerve ! (expression familière)
〜奴[いい〜]	〜やつ	type 〜, gars 〜 [〜 bien] (expression familière)
気にかける	きにかける	faire du souci, se préoccuper de
気を使う	きをつかう	faire attention à, s'inquiéter pour
信用[する]	しんよう[する]	faire confiance
付き合う	つきあう	fréquenter
数えきれない	かぞえきれない	innombrable
シミュレーション		simulation
発言[する]	はつげん[する]	prendre la parole
目にする	めにする	apercevoir
指摘[する]	してき[する]	faire remarquer
傷つく	きずつく	être blessé
不〜[〜愉快]	ふ〜[〜ゆかい]	(préfixe de négation; "dé", "in", etc.) [〜 agréable] (désagréable)

ふり		faire semblant de
～心［親切～］	～しん［しんせつ～］	[bon ～]cœur (gentillesse)
～性［人間～］	～せい［にんげん～］	caractère [～ humain] (humanité)
目下	めした	statut inférieur
なおさら		raison de plus
外部	がいぶ	extérieur
クレーム		réclamation
何気ない	なにげない	nonchalant, sans attention particulière
受け止める	うけとめる	prendre
案ずるより産むがやすし	あんずるよりうむがやすし	C'est finalement plus facile de faire quelque chose que de s'en inquiéter. (litt. C'est plus facile d'accoucher que de s'en angoisser.)
反応［する］	はんのう［する］	réagir
伝わる	つたわる	être transmis
実行［する］	じっこう［する］	exécuter, effectuer
かかる［費用が～］	［ひようが～］	coûter

～で思い出したんだけど、……。	À ce propos, ca me rappelle ...
ところで、～ことだけど、…んだって？	Au fait, concernant ～ , il paraît que ...
Etendre le thème de conversation	
確かに…ことってよくあるよね。	Il est vrai que ... arrive souvent, n'est-ce pas ?
Réagir avec empathie	
つまり、…ってことです。	En d'autres termes, cela signifie ...
Reformuler	

....

池袋 (いけぶくろ)	Ikebukuro : quartier situé dans l'arrondissement de Toshima à Tokyo. C'est l'un des quartiers les plus fréquentés de Tokyo. La gare est desservie par plusieurs lignes (JR, lignes privées, métro ...).
練馬 (ねりま)	Nerima : un des 23 arrondissements de Tokyo, situé à la lisière du nord-ouest.

<ruby>上野<rt>うえの</rt></ruby>	Ueno : quartier populaire avec de nombreux commerces et divertissements, situé dans la partie ouest de l'arrondissement de Taito à Tokyo.
<ruby>月島<rt>つきしま</rt></ruby>	Tsukishima : quartier situé sur la partie côtière de l'arrondissement de Chuo à Tokyo. Le quartier se situe sur les terrains remblayés avec du sable de la baie de Tokyo.
<ruby>青森<rt>あおもり</rt></ruby>	Aomori : préfecture située plus au nord de l'île principale de Honshu.
アーサー・ビナード	Arthur Binard : poète, poète de haïku et essayiste américain. Actuellement il mène ses activités d'écrivain au Japon. 1967-.
<ruby>大分県<rt>おおいたけん</rt></ruby>	Oita : préfecture située dans la partie nord-est dans l'île de Kyushu.

Leçon 14

読む・書く

テレビアニメ		dessin animé télévisé
受ける[アニメが〜]	うける	[le dessin animé 〜] avoir du succès
解説文	かいせつぶん	commentaire
解説[する]	かいせつ[する]	commenter, expliquer
物事	ものごと	choses, affaires
謎	なぞ	énigme, mystère
美女	びじょ	belle femme
旅	たび	voyage
ストーリーテリング		narration
促す	うながす	inciter
感想	かんそう	impression
アニメーション		animation
放映[する]	ほうえい[する]	diffuser
シリーズ		série
代[1960年〜]	だい[1960ねん〜]	les années [〜 1960]
番組	ばんぐみ	programme
編成[する]	へんせい[する]	établir
〜際	〜さい	lorsque
穴埋め	あなうめ	remplacement
年月	ねんげつ	années, temps
経る	へる	passer
存在[する]	そんざい[する]	exister
無視[する]	むし[する]	ignorer
語る	かたる	parler, raconter
作品	さくひん	œuvre
原作	げんさく	œuvre originale
支える	ささえる	soutenir
マンガ家	マンガか	dessinateur, auteur de manga
層	そう	couche

厚さ	あつさ	épaisseur
発売[する]	はつばい[する]	mettre en vente
週刊誌	しゅうかんし	magazine hebdomadaire
月刊誌	げっかんし	magazine mensuel
〜誌	〜し	magazine 〜
種類	しゅるい	type
単行本	たんこうぼん	livre
新作	しんさく	nouvelle œuvre
〜部[数千万〜]	〜ぶ[すうせんまん〜]	[quelques dizaines de millions d'〜] exemplaires
ヒット作品	ヒットさくひん	œuvre à succès
ヒット[する]		remporter un succès
エンターテイメント		divertissement
プロ		professionnel
〜ごとく		comme 〜
巨大	きょだい	gigantesque; colossal
競争原理	きょうそうげんり	principe de concurrence
原理	げんり	principe
水準	すいじゅん	niveau
生み出す	うみだす	produire
〜のみ		seulement 〜
〜さ（おもしろ〜）		suffixe de nominalisation (ce qui est amusant)
保証[する]	ほしょう[する]	garantir
過剰[な]	かじょう[な]	exagéré; excessif
ピッチャー		lanceur
シーン		scène
秒	びょう	second
満つ	みつ	atteindre
動作	どうさ	geste
主人公	しゅじんこう	héros
光景	こうけい	scène
描く	えがく	dépeindre
毎回	まいかい	chaque fois
直前	ちょくぜん	juste avant

起こる	おこる	arriver, se produire
次週	じしゅう	la semaine suivante
期待[する]	きたい[する]	attendre, espérer
テクニック		technique
手法	しゅほう	procédé, méthode
作り上げる	つくりあげる	édifier
ノウハウ		savoir-faire
夢中	むちゅう	passion
蓄積[する]	ちくせき[する]	accumuler
亜流	ありゅう	imitation
トップブランド		grande marque
別冊	べっさつ	volume supplémentaire
激しい	はげしい	intense
大げさ[な]	おおげさ[な]	exagéré
～程度	～ていど	environ
取り上げる	とりあげる	traiter
状況	じょうきょう	situation
具体例	ぐたいれい	exemple concret

話す・聞く

昔話	むかしばなし	vieux conte
話し手	はなして	locuteur, orateur
あいづち		signe d'acquiescement
打つ[あいづちを～]	うつ	acquiescer
銀河	ぎんが	Voie Lactée
鉄道	てつどう	chemin de fer
触れる[手に～]	ふれる[てに～]	toucher [～ la main]
永遠	えいえん	éternité
ストーリー		histoire
一言	ひとこと	un mot
結末	けつまつ	fin
コーヒーショップ		café
ショップ		boutique
映像	えいぞう	image

神秘的[な]	しんぴてき[な]	mystérieux
はまる[アニメに～]		être addict [～ au anime]
宇宙列車	うちゅうれっしゃ	train spatial
列車	れっしゃ	train
宇宙船	うちゅうせん	vaisseau spatial
機械化	きかいか	mécanisation
～化	～か	～ isation
取り残す	とりのこす	laisser
生身	なまみ	en chair et en os
彼ら	かれら	ils, eux
差別[する]	さべつ[する]	faire une discrimination
狩猟	しゅりょう	chasse
犠牲	ぎせい	sacrifice
遺言	ゆいごん	dernières volontés
出遭う / 出会う	であう	rencontrer
土星	どせい	Saturne
食堂車	しょくどうしゃ	wagon-restaurant
血	ち	sang
通う[血が～]	かよう[ちが～]	[le sang ～] circuler
幻覚	げんかく	hallucination
襲う	おそう	frapper
身	み	soi-même
投げ出す[身を～]	なげだす[みを～]	se sacrifier [～ soi-même]
粉々	こなごな	morceaux
ガラス球	ガラスだま	bille de verre
球	たま	bille
散る	ちる	s'éparpiller
美形	びけい	belle personne
鉱山	こうざん	mine
閉じ込める	とじこめる	enfermer
知恵	ちえ	intelligence
出しあう	だしあう	mettre en commun
～後[何日～]	～ご[なんにち～]	[quelques jours] après
ジャングル		jungle

兵士	へいし	soldat
枠組み	わくぐみ	cadre
あらすじ		grande ligne
場面	ばめん	scène

文法・練習

外出[する]	がいしゅつ[する]	sortir
PC	ピーシー	PC (ordinateur personnel)
チェックイン[する]		prendre la chambre à l'arrivée à l'hôtel
使用[する]	しよう[する]	utiliser
ちまき		nourriture à base de farine de riz, enveloppée de feuille de bambou et cuite à la vapeur
かしわもち		gâteau de riz enveloppé de feuille de chêne
受賞者	じゅしょうしゃ	lauréat
出身者	しゅっしんしゃ	ancien élève
砂漠	さばく	désert
パンダ		panda
交換[する]	こうかん[する]	échanger
冷める	さめる	se refroidir
まずい		pas bon
溶ける	とける	fondre
睡眠	すいみん	sommeil
欠く	かく	manquer
ただの		simple
ギョーザ		raviolis japonais
おふくろ		ma mère (familier)
重要[な]	じゅうよう[な]	important
両方	りょうほう	tous les deux
立場	たちば	point de vue
建設[する]	けんせつ[する]	construire
議論[する]	ぎろん[する]	discuter, débattre
ゆれる		trembler, être secoué
被害	ひがい	dégâts
関係者	かんけいしゃ	personnes concernées

負けるが勝ち	まけるがかち	Qui perd gagne
得[な]	とく[な]	avantageux
外食[する]	がいしょく[する]	manger au restaurant
ちらし寿司	ちらしずし	Une variante des sushi : poissons crus et garniture parsemés sur du riz vinaigré
ダイレクトメール		publipostage
宣伝[する]	せんでん[する]	faire la publicité
郵送[する]	ゆうそう[する]	envoyer par la poste
夕刊	ゆうかん	journal du soir
発行[する]	はっこう[する]	paraître, publier
早起きは三文の得	はやおきはさんもんのとく	Ceux qui se lèvent tôt tirent un bénéfice
早起き	はやおき	réveil matinal
自然エネルギー	しぜんエネルギー	énergie naturel
地域社会	ちいきしゃかい	communauté local
分析[する]	ぶんせき[する]	analyser
部署	ぶしょ	poste
活動[する]	かつどう[する]	mener des activités
ボランティア活動	ボランティアかつどう	activité bénévole
改善[する]	かいぜん[する]	améliorer
対策	たいさく	mesure
ヨガ		yoga
ジャズダンス		danse jazz
マッサージ		massage
スポーツジム		salle de gym
〜余り[260年〜]	〜あまり[260ねん〜]	plus de 〜 [〜 260 ans]
ＮＧＯ	エヌジーオー	ONG (organisation non gouvernementale)
グローバル[な]		global
夏日	なつび	jour estival (le jour où la température maximum dépasse 25ºC)
回復[する]	かいふく[する]	se rétablir
住民	じゅうみん	habitant
インストール[する]		installer
生産	せいさん	production
野球大会	やきゅうたいかい	tournoi de baseball

悔しい	くやしい	dépité
後ろ姿	うしろすがた	silhouette de dos

問題

女優	じょゆう	actrice
演劇	えんげき	théâtre
～部[演劇～]	～ぶ[えんげき～]	club (～ de théâtre)
成長[する]	せいちょう[する]	grandir
役	やく	rôle
最中	さいちゅう	En plein milieu de
非常ベル	ひじょうベル	sonnette d'alarme
実は	じつは	en réalité
活気	かっき	vivacité
風景	ふうけい	paysage
生き生き[する]	いきいき[する]	s'animer
実写[する]	じっしゃ[する]	filmer
通り過ぎる	とおりすぎる	passer devant, dépasser
カップラーメン		nouilles instantanées en bol
温泉旅館	おんせんりょかん	auberge traditionnelle japonaise où l'on peut prendre un bain thermal
旅館	りょかん	auberge traditionnelle japonaise
オリジナリティー		originalité
キャラクター		personnage

主人公は～と(って)いう～。　　Le héros est ～ s'appelant ～.
～っていう話。　　L'histoire de ～.

> Expression finale utilisée pour résumer l'histoire

…という(って)話、知ってる？　　Connais-tu … ? l'histoire de … ?
で、どうなったの？結局。　　Alors, que s'est-il passé à la fin ?

> Inciter l'interlocuteur à continuer son récit

『ドラゴンボール』　　*Dragon Ball* : Manga et dessin animé japonais très populaire dans le monde entier.

ディズニー	Disney : studio de production cinématographique créé par Walt Disney.
『銀河鉄道９９９』	*Galaxy Espress 999* : Manga, dessin animé télévisé et film d'animation japonais de science fiction.
星野鉄郎	Hoshino Tetsuro : héros de *Galaxy Express 999*.
クレア	Claire : personnage féminin de *Galaxy Espress 999*.
アンドロメダ	la Galaxie d'Andromède
光源氏	Hikaru Genji : héros de *Genji Monogatari* (le dit du genji).
『ワンピース(ONE PIECE)』	*One Piece* : manga, dessin animé et film d'animation japonais, très populaire dans le monde entier.
チリ	Chili
『浦島太郎』	*Urashima Taro* : vieux conte japonais.
ルーマニア	Roumanie
東ヨーロッパ	Europe de l'Est
湯川秀樹	Yukawa Hideki : physicien japonais, le premier japonais qui a reçu un prix Nobel (1949). 1907-1981.
利根川進	Tonegawa Susumu : scientifique japonais qui a obtenu le prix Nobel de physiologie ou de médecine en 1987. 1939-.
京都大学	Université Kyoto
『奇跡の人』	*Miracle en Alabama* (*Miracle Worker*) : drame inspiré de l'histoire de Helen Keller (aveugle, sourde et muette) et son professeur Anne Sullivin.
『ガラスの仮面』	*Glass Mask* : manga japonais faisant partie de la catégorie des "manga destinés aux filles".
ヘレン・ケラー	Helen Keller : éducatrice, militante du bien-être social aux Etats-Unis. 1880-1968.
宮崎駿	Miyazaki Hayao : auteur de manga, réalisateur de films d'animation japonais. 1941-.
『ルパン三世 カリオストロの城』	*Lupin III Le Château de Cagliostro* : un des films d'animation de *Lupin III*.
『崖の上のポニョ』	*Ponyo sur la falaise* : un film d'animation du studio Ghibli (Miyazaki Hayao).
『魔女の宅急便』	*Kiki la petite sorcière* : un film d'animation du studio Ghibli (Miyazaki Hayao).
『千と千尋の神隠し』	*Le voyage de Chihiro* : un film d'animation du studio Ghibli (Miyazaki Hayao).

Leçon 15

読む・書く

説明文	せつめいぶん	texte explicatif
右に出る	みぎにでる	meilleur
切り上げる	きりあげる	terminer
謙遜[する]	けんそん[する]	agir avec modestie
そこで		ainsi
行列	ぎょうれつ	file
横目	よこめ	regard du coin de l'œil
動き回る	うごきまわる	s'agiter
一見	いっけん	au premier abord
行き来[する]	ゆきき[する]	faire le va-et-vient
担ぐ	かつぐ	porter
割合	わりあい	proportion
構成[する]	こうせい[する]	constituer
新た[な]	あらた[な]	nouveau
組織[する]	そしき[する]	former, organiser
集団	しゅうだん	groupe
経つ[時間が〜]	たつ[じかんが〜]	[le temps 〜] passer
比率	ひりつ	proportion
分担[する]	ぶんたん[する]	partager
さすがに		comme je m'y attendais
能率	のうりつ	rendement
落ちる[能率が〜]	おちる[のうりつが〜]	[le rendement 〜] baisser
登場[する]	とうじょう[する]	apparaître, entrer en scène
ご存じ	ごぞんじ	connaître (forme du respect)
人材	じんざい	personnel
スタート[する]		démarrer
特命	とくめい	mission spéciale
プロジェクト		projet
スタープレイヤー		joueur vedette

プレイヤー		joueur
チーム		équipe
からめる		devenir favori
法則	ほうそく	loi
当たる[法則が～]	あたる[ほうそくが～]	[le loi ～] se vérifier
脇役	わきやく	rôle secondaire
脚本	きゃくほん	scénario
偉大	いだい	excellence
脈拍	みゃくはく	pouls
上がる[脈拍が～]	あがる[みゃくはくが～]	[le pouls ～] s'accélérer
アドレナリン		adrénaline
徐々に	じょじょに	graduellement
疲弊[する]	ひへい[する]	s'épuiser
理想的[な]	りそうてき[な]	idéal
現象	げんしょう	phénomène
参考資料	さんこうしりょう	documents de référence

話す・聞く

プライベート[な]		privé, personnel
示す[興味を～]	しめす[きょうみを～]	manifester [～ son l'intérêt]
老舗	しにせ	enseigne historique
優れる	すぐれる	exceller
営業マン	えいぎょうマン	attaché commercial
太鼓	たいこ	tambour (japonais)
腕[太鼓の～]	うで[たいこの～]	habilité [～ au tambour]
地元	じもと	environs, région d'origine
取引先	とりひきさき	client
絨毯	じゅうたん	tapis
出張所	しゅっちょうじょ	succursale
所長	しょちょう	directeur d'agence
社名	しゃめい	nom d'entreprise
名	な	nom
織物	おりもの	textile
モダン[な]		moderne

市場開拓	しじょうかいたく	ouverture d'un nouveau marché
開拓[する]	かいたく[する]	exploiter
きっての		le meilleur (dans ...)
何しろ	なにしろ	en tout cas
知識	ちしき	connaissances
成果	せいか	résultat
あげる[成果を〜]	[せいかを〜]	obtenir [〜 un résultat]
実	み	fruits
結ぶ[実を〜]	むすぶ[みを〜]	porter [〜 ses fruits]
魅する	みする	fasciner
磨く[腕を〜]	みがく[うでを〜]	perfectionner [〜 une habilité]
〜好き[太鼓〜]	〜ずき[たいこ〜]	amateur de 〜 [tambour japonais]
得意	とくい	point fort
顔負け	かおまけ	être épaté par la capacité de quelqu'un
リズム		rythme
〜感[リズム〜]	〜かん	sens [〜 du rythme]
甘える[お言葉に〜]	あまえる[おことばに〜]	accepter volontiers [〜 une aimable proposition]
メンバー		membre
リーダー		chef
踊り	おどり	danse
ブレイクダンス		break dance
才能	さいのう	talent
シェフ		chef cuisinier
好意	こうい	bienveillance
ホームカミングデイ		fête annuelle (de l'école, de l'université)
代々	だいだい	de génération en génération
実行委員	じっこういいん	membre du comité exécutif
進行[する]	しんこう[する]	exécuter
部下	ぶか	subordonné
後輩	こうはい	cadet

文法・練習

| LED電球 | エルイーディーでんきゅう | ampoule à LED |

電球	でんきゅう	ampoule
寿命	じゅみょう	durée de vie
用いる	もちいる	se servir de
お嬢さん	おじょうさん	jeune fille (expression polie)
転職[する]	てんしょく[する]	changer d'emploi
環境問題	かんきょうもんだい	problème environnemental
経営[する]	けいえい[する]	gérer, diriger
すべて		tout
各国	かっこく	chaque pays
地球温暖化	ちきゅうおんだんか	réchauffement de la Terre
温暖化	おんだんか	réchauffement
家族関係	かぞくかんけい	relations familiales
論文	ろんぶん	article, mémoire, thèse
題名	だいめい	titre
ベジタリアン		végétarien
選挙[する]	せんきょ[する]	élire
出る[選挙に〜]	でる[せんきょに〜]	se présenter [〜 aux élections]
混乱[する]	こんらん[する]	être en désordre
調整[する]	ちょうせい[する]	ajuster
当番	とうばん	tour d'être en charge
交代[する]	こうたい[する]	remplacer, relayer
ピアニスト		pianiste
楽器	がっき	instrument de musique
一家[音楽〜]	いっか[おんがく〜]	famille [〜 de musiciens]
秘密	ひみつ	secret
帰国生徒	きこくせいと	élèves qui rentrent au Japon après avoir accompli une partie de leur scolarité à l'étranger
器用[な]	きよう[な]	adroit
かく[汗を〜]	[あせを〜]	transpirer
注文[する]	ちゅうもん[する]	commander
マナー		manières
国民栄誉賞	こくみんえいよしょう	prix d'honneur national
栄誉	えいよ	honneur

信頼[する]	しんらい[する]	faire confiance
思い浮かべる	おもいうかべる	se souvenir de, penser à,
中年	ちゅうねん	âge moyen (quadragénaire, quinquagénaire ...)
提供[する]	ていきょう[する]	offrir, présenter
展開[する]	てんかい[する]	se développer
走り回る	はしりまわる	courir dans tous les sens

問題

こうして		de cette manière
あっという間	あっというま	en un clin d'œil
支社	ししゃ	succursale
しみじみ		profondément
でかい		grand (familier)
つながり[人と人との〜]	[ひととひととの〜]	lien [〜 entre personnes]
金儲け	かねもうけ	activités pour gagner de l'argent
緊急	きんきゅう	urgent
共生[する]	きょうせい[する]	vivre en symbiose, cohabiter
耳にする	みみにする	entendre
共に	ともに	ensemble
利益	りえき	bénéfice
分かち合う	わかちあう	partager
ヤドカリ		bernard l'hermite
イソギンチャク		anémone de mer
用語	ようご	terme
社会科学	しゃかいかがく	sciences sociales
分野	ぶんや	domaine
込める[意味を〜]	こめる[いみを〜]	donner [〜 un sens]
乗り越える	のりこえる	surmonter
怠け者	なまけもの	paresseux
真面目[な]	まじめ[な]	sérieux, honnête
ナマケモノ		paresseux
ぶら下がる	ぶらさがる	être suspendu
移動[する]	いどう[する]	bouger, se déplacer

エネルギー		énergie
ちょうど		juste
賢い	かしこい	intelligent

〜さんの右に出る人はいない。	Il n'y a personne de meilleur que 〜.
そんな大（たい）したものじゃありません。	Ce n'est rien de spécial.
	Répondre modestement aux compliments
いえ、それほどでも。	Non, je ne suis pas aussi bon.
	Répondre modestement aux compliments
ただ、自分で言うのもなんですが、……。	Mais si je peux me permettre de dire, ...
	Utilisé comme préambule afin de dire quelque chose dont on est fier
お言葉（ことば）に甘（あま）えて、……。	J'accepte volontiers votre aimable proposition, ...
	Utilisé comme préambule avant d'accepter une faveur

「水戸黄門（みとこうもん）」	*Mito Komon* : histoire de Tokugawa Mitsukuni (alias Mito Mitsukuni), ancien gouvernant du domaine de Mito qui a voyagé dans différentes régions du Japon pour restaurer l'ordre et la paix.
助（すけ）さん、角（かく）さん	Suke-san et Kaku-san : serviteurs qui ont accompagné Mito Mitsukuni durant son voyage.
うっかり八兵衛（はちべえ）	Ukkari Hachibe : un personnage secondaire apparu dans *Mito Komon*.
『ハリー・ポッター』	*Harry Potter* : littérature pour enfants, roman de fantaisie, écrit par l'écrivain anglaise J.K. Rowling. Ce roman a été également adapté au cinéma.
ロン	Ron (Ronald Weasley) : ami proche de Harry.
ハーマイオニー	Hermione Granger : amie proche de Harry.
ネビル・ロングボトム	Neville Longbottom : ami qui partage la chambre avec Harry et Ron.
トルコ	Turquie
イスタンブール	Istanbul
新潟（にいがた）	Niigata : préfecture située au nord-est du Chubu sur l'île principale de Honshu, donnant face à la Mer du Japon.
佐渡（さど）	île de Sado : île dans la Préfecture de Niigata.

鬼太鼓	Ondeko : sorte de tambour traditionnel de l'île de Sado. Dédié à la fête du temple shinto pour chasser le démon, et prier pour la prospérité des commerces et des récoltes.
佐渡おけさ	Sado okesa : chanson folklorique de l'île de Sado.
マイケル・ジャクソン	Michael Jackson : chanteur de musique pop américain. 1958-2009.
欧米	l'Occident
徳島	Tokushima : préfecture située dans l'est de l'île de Shikoku.
阿波踊り	Awaodori : une sorte de "danse de bon" (danse traditionnelle) de Tokushima.
サンバ	samba : genre de musique et danse folkloriques brésiliennes.

Leçon 16

読む・書く

個人情報	こじんじょうほう	information personnelle
流出[する]	りゅうしゅつ[する]	fuiter
新聞記事	しんぶんきじ	article de journal
社会面	しゃかいめん	pages des faits de société
概要	がいよう	sommaire
すばやい		rapide
事実[〜関係]	じじつ[〜かんけい]	[relations des 〜] faits
不幸[な]	ふこう[な]	malheureux
幸い	さいわい	chance
苦い[〜体験]	にがい[〜たいけん]	amère [〜 expérience]
慰める	なぐさめる	consoler
〜づける[元気〜]	[げんき〜]	donner [〜 du courage]
カード[会員〜]	[かいいん〜]	carte [〜 de membre]
漏れる	もれる	fuiter
通信[する]	つうしん[する]	communiquer
販売[する]	はんばい[する]	vendre
同社	どうしゃ	la même entreprise
加入[する]	かにゅう[する]	adhérer
可能性	かのうせい	possibilité
実態	じったい	circonstances exactes
氏名	しめい	nom et prénom
預金[〜口座]	よきん[〜こうざ]	[compte de 〜] dépôt
口座	こうざ	compte
職業	しょくぎょう	profession
生年月日	せいねんがっぴ	date de naissance
項目	こうもく	rubrique
及ぶ	およぶ	atteindre
上旬	じょうじゅん	début (du mois)
覚え[身に〜がない]	おぼえ[みに〜がない]	[avoir aucune 〜] souvenir

未払い[金]	みはらい[きん]	[argent] impayé
請求書	せいきゅうしょ	facture
請求[する]	せいきゅう[する]	demander
判明[する]	はんめい[する]	se révéler
同様[な]	どうよう[な]	similaire
〜件	〜けん	(auxiliaire numéral pour les cas)
寄せる	よせる	envoyer
既に	すでに	déjà
応じる	おうじる	répondre
支払い	しはらい	paiement
情報管理	じょうほうかんり	gestion des données
管理[する]	かんり[する]	contrôler, gérer
事態	じたい	situation
遺憾	いかん	regrettable
コンピューターシステム		système informatique
システム		système
トラブル		problèmes
内部	ないぶ	intérieur
ないし		ou
引き出す	ひきだす	retirer
流失	りゅうしつ	fuite
面[システム〜]	めん	aspect 〜 [〜 du système]
進める[調査を〜]	すすめる[ちょうさを〜]	procéder à [〜 l'enquête]
求める	もとめる	demander
おわび		excuses
書面	しょめん	lettre
更新[する]	こうしん[する]	renouveler
早急[な]	さっきゅう[な]	sans tarder
講ずる	こうずる	prendre
被害者	ひがいしゃ	victime
有料[〜サイト]	ゆうりょう	[site 〜] payant
サイト		site
受け取る	うけとる	recevoir
請求金額	せいきゅうきんがく	montant réclamé

指定[する]	してい[する]	désigner
振り込む	ふりこむ	faire un virement
だます		escroquer
不審[に]	ふしん[に]	soupçon
懸命[な]	けんめい[な]	assidu
何者	なにもの	quelqu'un
犯行	はんこう	crime
知人	ちじん	connaissance
日付	ひづけ	date
タウンニュース		bulletin d'information communal
要素	ようそ	élément
原稿	げんこう	manuscrit
見出し	みだし	titre

話す・聞く

滑らす	すべらす	laisser glisser
捻挫[する]	ねんざ[する]	se faire une entorse
後悔[する]	こうかい[する]	regretter
落ち込む	おちこむ	être déprimé
転倒[する]	てんとう[する]	tomber à la renverse
言い表す	いいあらわす	exprimer
励ます	はげます	encourager
ハンドル		volant
切り損ねる	きりそこねる	manquer son braquage
ひっくり返る	ひっくりかえる	se renverser
人身事故	じんしんじこ	accident corporel
起こす[事故を〜]	おこす[じこを〜]	avoir [〜 un accident]
危うく	あやうく	faillir
左折[する]	させつ[する]	tourner à gauche
飛び出す	とびだす	surgir
切る[ハンドルを〜]	きる	braquer [〜 le volant]
スリップ[する]		déraper
ひざ		genou
ライト		phare
カバー		cache- (phare)

はねる[人を～]	[ひとを～]	renverser [～ une personne]
頭[が]痛い	あたま[が]いたい	se tracasser
くよくよ[する]		se tracasser, ruminer
おごる		payer (quelque chose à quelqu'un)
締切[日]	しめきり[び]	date limite
よそ見	よそみ	acte de regarder ailleurs
右手	みぎて	main droite
離す[目を～]	はなす[めを～]	relâcher sa surveillance
誤る	あやまる	se tromper
入力[する]	にゅうりょく[する]	saisir
プリントアウト[する]		imprimer
俺	おれ	moi, je (expression familière utilisée par les hommes)
バカ		bête
やり直し	やりなおし	à refaire
油	あぶら	huile
ひっくり返す	ひっくりかえす	renverser
マット		tapis
べとべと		collant
つく[火が～]	[ひが～]	[le feu ～] s'allumer
見方	みかた	point de vue
骨折[する]	こっせつ[する]	se fracturer
うまくいく		marcher bien
まいる		être effondré
まいったなあ		Je suis effondré
ひどい		terrible

文法・練習

開発[する]	かいはつ[する]	développer
要求[する]	ようきゅう[する]	demander
改める	あらためる	réformer
従う	したがう	respecter
急激[な]	きゅうげき[な]	rapide
ＡＴＭ	エーティーエム	distributeur de billets

とどまる		se limiter
少子高齢化	しょうしこうれいか	baisse de natalité et vieillissement de la population
高齢化	こうれいか	vieillissement de la population
活力	かつりょく	vitalité
業界	ぎょうかい	industrie
需要	じゅよう	demande
新人	しんじん	nouveau joueur
挑戦[する]	ちょうせん[する]	tenter, lancer un défi
消費税	しょうひぜい	taxe sur la consommation
少子化	しょうしか	baisse de natalité
備える	そなえる	parer à
カリキュラム		programme d'enseignement
見直す	みなおす	réviser
年末	ねんまつ	fin de l'année
時期	じき	période
予測[する]	よそく[する]	prévoir
避難[する]	ひなん[する]	être évacué
予算	よさん	budget
突然	とつぜん	soudain
訪問[する]	ほうもん[する]	visite
歓迎[する]	かんげい[する]	faire bon accueil
決勝戦	けっしょうせん	finale
〜戦	〜せん	match 〜
出場[する]	しゅつじょう[する]	participer
上達[する]	じょうたつ[する]	faire des progrès
高齢	こうれい	grand âge
当然	とうぜん	naturellement
気配	けはい	air, signe
長期	ちょうき	long terme
追う	おう	poursuivre
住人	じゅうにん	habitant
呼びかける	よびかける	appeler
立ち上げる	たちあげる	lancer

高速道路	こうそくどうろ	autoroute
無料化	むりょうか	acte de rendre gratuit
引き下げる	ひきさげる	abaisser
オリンピック		jeux Olympiques
出場権	しゅつじょうけん	droit de participer
〜権	〜けん	droit 〜
手にする	てにする	obtenir
身分証明書	みぶんしょうめいしょ	pièce d'identité
身分	みぶん	identité
証明書	しょうめいしょ	attestation
不要[な]	ふよう[な]	pas nécessaire
問い合わせる	といあわせる	demander des renseignements
ネット		internet
満席	まんせき	complet
提出[する]	ていしゅつ[する]	remettre
電気料金	でんきりょうきん	facture d'électricité
〜料金	〜りょうきん	tarif 〜
思わず	おもわず	instinctivement
燃え移る	もえうつる	se propager
左手	ひだりて	main gauche
すとんと〜		manière de tomber tout droit avec un bruit léger
必死[に]	ひっし[に]	avec acharnement
ひっぱり上げる	ひっぱりあげる	tirer pour remonter
無事	ぶじ	sans et sauf
引き上げる	ひきあげる	remonter
きょとんと〜		d'un air ahuri
たった		seulement
占い	うらない	divination

問題

リストラ[する]		restructuration
契約社員	けいやくしゃいん	employé contractuel
安定[する]	あんてい[する]	se stabiliser

まさか		pas possible
気分転換	きぶんてんかん	fait de se changer les idées
チャンス		occasion
ウェブサイト		site web
不正使用	ふせいしよう	usage illégal
被害額	ひがいがく	montant du dommage
額[被害～]	がく[ひがい～]	montant [～ du dommage]
当たり[一人～]	あたり[ひとり～]	par [～ personne]
金銭	きんせん	argent
失う	うしなう	perdre
在住[する]	ざいじゅう[する]	résider
フリーメール		service de messagerie gratuit
不明	ふめい	inconnu
送信[する]	そうしん[する]	envoyer
創作[する]	そうさく[する]	créer
築く	きずく	bâtir
強盗	ごうとう	bandit
出国[する]	しゅっこく[する]	sortir du pays
宛[友人～]	あて[ゆうじん～]	adressé à [～ des amis]
帳[アドレス～]	ちょう	carnet [～ d'adresses]
売買[する]	ばいばい[する]	acheter et vendre, faire du commerce
大量	たいりょう	grande quantité
捕まる	つかまる	être arrêté

あーあ。～ばよかった。	Oh là là, j'aurais dû ～ .
Dire quelque chose avec regret	
泣きたい気分だよ。	J'ai envie de pleurer.
Montrer à quelqu'un qu'on se sent déprimé	
くよくよしないで。	Ne te laisse pas abattre.
Consoler quelqu'un	
…だけでもよかったじゃない。不幸中の幸いだよ。	Au moins, c'est une bonne chose que …. Ca aurait pu être pire.
Consoler quelqu'un en pointant le bon côté de la mésaventure	

…たと思えば〜じゃないですか。　　　Dites-vous que ..., ce n'est pas si mal ?

> Consoler quelqu'un en mettant en avant le fait que même une mauvaise situation peut paraître bien en changeant son point de vue

ものは考えようですよ。　　　Tout dépend de la manière dont vous voyez les choses.

> Consoler quelqu'un

16

東南（とうなん）アジア	Asie du Sud-Est
メジャーリーグ	La Ligue majeure de baseball : fédération professionnelle nord-américaine de baseball regroupant les ligues des États-Unis et du Canada.
東京（とうきょう）スカイツリー	Tokyo Skytree : tour de radiodiffusion dans l'arrondissement de Sumida à Tokyo, inaugurée en 2012 et remplaçant Tokyo Tower. Mesurant 634 mètres, elle est la plus haute tour du genre dans le monde.
ダイアン吉日（きちじつ）	Diane Kichijitsu : conteur de rakugo, d'origine anglaise.
マドリード	Madrid

Leçon 17

読む・書く

暦	こよみ	calendrier
お兄ちゃん	おにいちゃん	grand garçon
呼称	こしょう	terme d'adresse
スタイル		style
太陽暦	たいようれき	calendrier solaire
太陰暦	たいいんれき	calendrier lunaire
太陰太陽暦	たいいんたいようれき	calendrier luni-solaire
まつわる		concernant
本来	ほんらい	à l'origine
タコ		pieuvre
八角形	はっかっけい	octogone
不備	ふび	défaut
補う	おぎなう	compenser
呼び名	よびな	appellation
ずれる		être décalé
改暦[する]	かいれき[する]	réformer le calendrier
新暦	しんれき	nouveau calendrier
旧暦	きゅうれき	ancien calendrier
別	べつ	à part
睦月	むつき	nom de janvier sous le calendrier lunaire
如月	きさらぎ	nom de février sous le calendrier lunaire
弥生	やよい	nom de mars sous le calendrier lunaire
木の葉	このは	feuille d'arbre
転じる	てんじる	changer
葉月	はづき	nom d'août sous le calendrier lunaire
長月	ながつき	nom de septembre sous le calendrier lunaire
名づける	なづける	appeler
立春	りっしゅん	premier jour du printemps
初旬	しょじゅん	début du mois

生じる	しょうじる	se produire
長年	ながねん	longues années
慣れ親しむ	なれしたしむ	s'habituer et se familiariser
切り替える	きりかえる	changer
体制	たいせい	système
人心	じんしん	pensée du people
一新[する]	いっしん[する]	renouveler
閏年	うるうどし	année bissextile
抱える[問題を〜]	かかえる[もんだいを〜]	avoir [〜 des problèmes]
会計	かいけい	comptabilité
年度	ねんど	année fiscale
西洋	せいよう	Occident
ならう		suivre l'exemple de
一定	いってい	fixe
諸〜[〜外国]	しょ〜[〜がいこく]	divers [〜 pays étrangers]
実施[する]	じっし[する]	exécuter
唐突[な]	とうとつ[な]	soudain
戸惑う	とまどう	être déconcerté
真の	しんの	véritable
ねらい		but
当時	とうじ	en ce temps-là
支出[する]	ししゅつ[する]	dépenser
占める	しめる	représenter
人件費	じんけんひ	dépense de personnel
費[人件〜]	ひ[じんけん〜]	dépense [〜 de personnel]
不足[する]	ふそく[する]	manquer
新制度	しんせいど	nouveau système
導入[する]	どうにゅう[する]	introduire
役人	やくにん	fonctionnaire
補充[する]	ほじゅう[する]	compléter
財政難	ざいせいなん	problèmes financiers
財政	ざいせい	finances
難[財政〜]	なん[ざいせい〜]	problèmes [〜 financiers]
新政権	しんせいけん	nouveau pouvoir politique

政権	せいけん	pouvoir politique
翌日	よくじつ	le lendemain
決断[する]	けつだん[する]	décider
翌年	よくねん	l'année suivante
計〜	けい〜	total
回避[する]	かいひ[する]	éviter
もくろむ		projeter
作成[する]	さくせい[する]	établir
報告[する]	ほうこく[する]	rapporter

話す・聞く

歓談[する]	かんだん[する]	tenir une discussion conviviale
節分	せつぶん	la veille du printemps selon le calendrier lunaire
行事	ぎょうじ	événement
リビングルーム		salle de séjour
ご無沙汰[する]	ごぶさた[する]	rester longtemps sans se donner de nouvelles
お久しぶり	おひさしぶり	On s'est pas vu depuis longtemps
口に合う	くちにあう	être au goût (de quelqu'un)
邪魔[する]	じゃま[する]	déranger
おかまい		hospitalité
おいで		viens
早いもんだよ。	はやいもんだよ。	Que le temps passe vite (familier)
お面	おめん	masque
まく[豆を〜]	[まめを〜]	jeter [〜 des grains de soja]
追い払う	おいはらう	chasser
今どき	いまどき	de nos jours
よっぽど／よほど		bien plus
四季	しき	quatre saisons
折々[四季〜]	おりおり[しき〜]	chaque, chacune des [〜 quatre saisons]
おじさん(子どもに向かっての)	(こどもにむかっての)	moi (litt. monsieur, oncle)
ユース		club des jeunes
抜く[人を〜]	ぬく[ひとを〜]	distancer [〜 une personne]
展示品	てんじひん	objet exposé

親子	おやこ	parents et enfants
かける[声を〜]	[こえを〜]	adresser la parole
水族館	すいぞくかん	aquarium
〜連れ	〜づれ	en compagnie de 〜
母親	ははおや	mère
リレー		relais
ひな祭り	ひなまつり	fête des poupées (célébrée le 3 mars)
ひな人形	ひなにんぎょう	poupées traditionnelles exposées à l'occasion de la fête des poupées
身近	みぢか	proche (de soi)

17 文法・練習

都道府県	とどうふけん	préfectures du Japon
著者	ちょしゃ	auteur
クッキー		biscuit
恋愛[する]	れんあい[する]	être amoureux
冒険	ぼうけん	aventure
好む	このむ	aimer
地方	ちほう	région
特産品	とくさんひん	spécialité
玉ねぎ	たまねぎ	oignon
じゃがいも		pomme de terre
盛ん[な]	さかん[な]	actif, populaire
移す	うつす	transférer
コスト		coût
出口調査	でぐちちょうさ	sondage à la sortie des bureaux de vote
生活習慣病	せいかつしゅうかんびょう	maladies liées au mode de vie
おぼれる		se noyer
複数	ふくすう	pluriel, plusieurs
足跡	あしあと	empreinte des pas
頂上	ちょうじょう	sommet
吹雪	ふぶき	tempête de neige,
遭う[吹雪に〜]	あう[ふぶきに〜]	affronter [〜 une tempête de neige,]
引き返す	ひきかえす	faire demi-tour

予想[する]	よそう[する]	prévoir
はるかに		infiniment
イベント		manifestation
納得[する]	なっとく[する]	être convaincu
方針	ほうしん	politique
新入生	しんにゅうせい	nouveaux étudiants
持つ[子どもを〜]	もつ[こどもを〜]	avoir [〜 un enfant]
ありがたい		reconnaissant
稼ぐ	かせぐ	gagner
あきれる		être stupéfait
素人	しろうと	amateur
相当[な]	そうとう[な]	considérable
独学[する]	どくがく[する]	apprendre tout seul
基準	きじゅん	critère
照らす	てらす	se référer
新入社員	しんにゅうしゃいん	nouvel employé
応対[する]	おうたい[する]	accueillir
学位	がくい	diplôme
負けず嫌い	まけずぎらい	quelqu'un qui n'aime pas perdre, combatif
しっかり		sérieusement, bien
バイオリン		violon
着替える	きがえる	se changer

問題

しゃくりあげる		sangloter
甘えん坊	あまえんぼう	enfant bichonné
鉦	かね	cloche
ルーツ		origine
古代	こだい	temps ancien
王国	おうこく	royaume
天文	てんもん	astronomie
学者	がくしゃ	savant
観測[する]	かんそく[する]	observer
水星	すいせい	Mercure

金星	きんせい	Vénus
火星	かせい	Mars
木星	もくせい	Jupiter
支配[する]	しはい[する]	dominer
特定[する]	とくてい[する]	déterminer
割り振る	わりふる	allouer, distribuer
並び順	ならびじゅん	l'ordre dans lequel les choses se rangent
端午の節句	たんごのせっく	fête des garçons (le 5 mai)
節句	せっく	fêtes traditionnelles (liées au calendrier)
武者人形	むしゃにんぎょう	poupées habillées en samouraï
鯉のぼり	こいのぼり	banderoles, manches à air en forme de carpe hissées à l'occasion de la fête des garçons
鯉	こい	carpe
伝説	でんせつ	légende
流れ[川の〜]	ながれ[かわの〜]	courant [〜 de la rivière]
滝	たき	chute d'eau
逆らう	さからう	aller contre, résister
光り輝く	ひかりかがやく	brillant
竜	りゅう	dragon
変身[する]	へんしん[する]	se métamorphoser
昇る[天に〜]	のぼる[てんに〜]	monter [〜 au ciel]
困難	こんなん	difficulté
立ち向かう	たちむかう	affronter
生まれる[鯉のぼりが〜]	うまれる[こいのぼりが〜]	[les banderoles de carpes 〜] être créé

....

古代ローマ	Rome antique
明治時代	l'ère Meiji
ペレ	Pelé : ancien footballer brésilien, surnommé également "le roi du football". 1940-.
『ポケモン』	*Pokémon* (*pocket monster*) : titre d'un dessin animé.
ハワイ	Hawaii

ＮＨＫ	NHK (Nippon Hoso Kyokai) : compagnie de diffusion du Japon.
天神祭（てんじんまつり）	Tenjin-matsuri : Le festival de Tenman Tenjin d'Osaka est particulièrement célèbre. C'est l'un trois plus grands festivals du Japon.
バビロニア	Babylone

Leçon 18

読む・書く

鉛筆削り	えんぴつけずり	taille-crayon
幸運	こううん	chance
登場人物	とうじょうじんぶつ	personnage
内[心の〜]	うち[こころの〜]	à l'intérieur [〜 du cœur]
解釈[する]	かいしゃく[する]	interpréter
山[本の〜]	やま[ほんの〜]	pile [〜 de livres]
言い返す	いいかえす	répliquer, rétorquer
修復[する]	しゅうふく[する]	restaurer
おそらく		probablement
薄汚い	うすぎたない	sale
ぴかぴか[な]		brillant
新品	しんぴん	neuf
手に入れる	てにいれる	obtenir, se procurer
ざらに		couramment
目をとめる	めをとめる	arrêter son regard
しょうゆさし		verseur de sauce soja
食塩	しょくえん	sel de table
流し台	ながしだい	évier
排水パイプ	はいすいパイプ	tuyau d'écoulement des eaux
排水	はいすい	évacuation
修理屋	しゅうりや	réparateur
ちらちら		furtivement
マニアック		maniaque
コレクター		collectionneur
知る由もない	しるよしもない	Il n'y a pas de moyen pour savoir
鋭い	するどい	perçant
視線	しせん	regard
走らす[視線を〜]	はしらす[しせんを〜]	parcourir [〜 du regard]
見当	けんとう	une idée

つく［見当が～］	［けんとうが～］	se faire [～ une idée], pouvoir deviner
雑然	ざつぜん	pêle-mêle
ちらばる		s'éparpiller
手に取る	てにとる	prendre dans la main
ごく		extrêmement
あたりまえ		ordinaire
手動式	しゅどうしき	manuel
何ひとつない	なにひとつない	Il n'y a rien
金属	きんぞく	métal
錆びつく	さびつく	rouiller
錆びる	さびる	rouiller
てっぺん		sommet
シール		autocollant
要するに	ようするに	en un mot
刃	は	lame
かみあわせ		engagement
タイプ		type
削りかす	けずりかす	taillure de crayon
微妙［に］	びみょう［に］	subtilement
最新式	さいしんしき	dernier modèle
持ち歩く	もちあるく	porter partout avec soi
超～［～短編小説］	ちょう～［～たんぺんしょうせつ］	super ～ [histoire courte] (micronouvelle)
短編小説	たんぺんしょうせつ	nouvelle, histoire courte
意外［な］	いがい［な］	inattendu
満足［する］	まんぞく［する］	être satisfait
価値観	かちかん	valeurs
異なる	ことなる	être différent
行為	こうい	acte
シナリオ		scénario
角度	かくど	angle
うらやましい		enviable
じっと		fixement
見つめる	みつめる	regarder, fixer

話す・聞く

いらいら[する]		s'agacer
気に入る	きにいる	aimer
仲直り[する]	なかなおり[する]	se réconcilier
不満	ふまん	mécontentement
非難[する]	ひなん[する]	reprocher
皮肉	ひにく	ironie
ワイングラス		verre à vin
捜し物	さがしもの	fait de chercher un objet perdu
しょっちゅう		toujours
欠ける[カップが〜]	かける	[une tasse 〜] s'ébrécher
しまい込む	しまいこむ	ranger quelque chose au fond
だって		mais, parce que
新婚	しんこん	nouveaux mariés
思い出	おもいで	souvenir
思い切る	おもいきる	se décider
そもそも		tout d'abord
とる[場所を〜]	[ばしょを〜]	prendre [〜 une place]
栓	せん	bouchon
抜く[栓を〜]	ぬく[せんを〜]	tirer [〜 un bouchon]
平気[な]	へいき[な]	insouciant, ne pas se gêner
おまけに		de plus
気がない	きがない	ne pas avoir l'intention de
そんなに		comme ça, à tel point
中断[する]	ちゅうだん[する]	interrompre
のぞく		jeter un coup d'œil
シェアハウス		maison pour colocation
散らかす	ちらかす	laisser traîner partout
乱雑	らんざつ	désordre

文法・練習

監督	かんとく	metteur en scène
持ち主	もちぬし	propriétaire
きく[口を〜]	[くちを〜]	parler

跳ぶ	とぶ	sauter
推測[する]	すいそく[する]	deviner
花嫁	はなよめ	mariée
かなう		se réaliser, être exaucé
不平	ふへい	plainte
活躍[する]	かつやく[する]	se montrer actif, déployer son énergie
基礎	きそ	base
置く[本屋に〜]	おく[ほんやに〜]	disponible [〜à la librairie]
維持[する]	いじ[する]	entretenir
おしゃれ		chic
コミュニケーション		communication
ふさわしい		digne de

問題

出し忘れる	だしわすれる	oublier de sortir
素直[な]	すなお[な]	docile, naturel
癖	くせ	habitude
ずっと(ずうっと)		continuellement
いわば		pour ainsi dire
咳払い	せきばらい	toussotement
昨夜	さくや	hier soir
ものすごい		terrible
試す	ためす	essayer
超える	こえる	dépasser
口癖	くちぐせ	expression favorite
習得[する]	しゅうとく[する]	apprendre
味方	みかた	allié

しょっちゅう…ね。	Tu es toujours ..., pas vrai ?
	Exprimer son mécontentement par rapport au comportement de quelqu'un
…んじゃない？	Tu aurais pu ..., non ?
だいたい〜は…んだ。	Pour commencer, ...
	Se plaindre de quelqu'un, en citant des exemples de son mauvais comportement

そんなに言わなくたっていいじゃない。	Ce n'est pas la peine de me dire toutes ces choses.

Répondre après avoir été critiqué

お互いさまなんじゃない？	Tu es comme moi, en fait ?

Montrer que l'autre personne est aussi fautive

ごめん。…ちょっと言い過ぎたみたいだね。	Pardon, je me suis laissé emporter.

Utilisé quand on s'excuse pour mettre fin à une dispute

私こそ、〜て、ごめん。	Non, c'est moi qui devrait m'excuser d'avoir 〜 .

Utilisé quand l'autre personne s'est excusée et que l'on admet aussi sa faute

---

渡辺 昇 (わたなべのぼる)   Watanabe Noboru : personnage d'une micronouvelle de l'écrivain Murakami Haruki.

『鉄腕アトム』(てつわん)   *Astro, le petit robot* (*Astro Boy*) : Manga et dessin animé télévisé de science fiction, de Tezuka Osamu (1928-1989).

Leçon 19

読む・書く

ロボットコンテスト		concours de robotique
ものづくり		fabrication
人づくり	ひとづくり	développement des personnes
評価[する]	ひょうか[する]	évaluer
提言[する]	ていげん[する]	proposer
的確[な]	てきかく[な]	juste, exact
把握[する]	はあく[する]	saisir
自慢話	じまんばなし	vantardise
まとまる		être organisé
集まり	あつまり	réunion
即席	そくせき	impromptu
取り組む	とりくむ	s'affronter à
やりとげる		accomplir
産業用ロボット	さんぎょうようロボット	robot industriel
無人探査ロボット	むじんたんさロボット	robot d'exploration
ペットロボット		robot de compagnie
介護ロボット	かいごロボット	robot d'assistance aux personnes dépendantes
介護[する]	かいご[する]	aider, donner des soins (pour les personnes dépendantes)
効果	こうか	effet
箇所	かしょ	passage
先頭	せんとう	tête
第〜[〜一]	だい〜[〜いち]	(préfixe pour le nombre ordinal) le premier, en premier
結びつく	むすびつく	se rattacher
提唱[する]	ていしょう[する]	proposer
普及[する]	ふきゅう[する]	se généraliser
努める	つとめる	s'efforcer
課題	かだい	tâche

達成[する]	たっせい[する]	accomplir
製作[する]	せいさく[する]	fabriquer
競技[する]	きょうぎ[する]	être en compétition
高専	こうせん	lycée technique
さて		et bien, bon
向上[する]	こうじょう[する]	faire des progrès
たんに		seulement
削る	けずる	raboter, tailler
欠ける	かける	manquer
創造[する]	そうぞう[する]	créer
添付[する]	てんぷ[する]	attacher
単純[な]	たんじゅん[な]	simple
独創[力]	どくそう[りょく]	compétence créative
養う	やしなう	cultiver
達成感	たっせいかん	sentiment d'accomplissement
身につく	みにつく	s'acquérir
活用[する]	かつよう[する]	faire bon usage de
経費	けいひ	frais, dépense
節約[する]	せつやく[する]	économiser
廃品	はいひん	objets inutilisables
廃材	はいざい	matériel inutilisable
前〜[〜年度]	ぜん〜[〜ねんど]	[l'année 〜] précédent(e)
分解[する]	ぶんかい[する]	démonter
再利用[する]	さいりよう[する]	réutiliser, recycler
車輪	しゃりん	roue
用紙	ようし	papier
ガムテープ		ruban adhésif d'emballage
巻く	まく	enrouler
芯	しん	rouleau
発泡ゴム	はっぽうゴム	caoutchouc mousse
ゴム		caoutchouc
ヤスリ		lime
かける[ヤスリを〜]		limer
仕上げる	しあげる	achever

部品	ぶひん	pièce
生命	せいめい	vie
入る[生命が〜]	はいる[せいめいが〜]	[la vie 〜] entrer en
分身	ぶんしん	alter ego
ふるまい		comportement
おだやか[な]		doux, calme
チームワーク		travail d'équipe
組む[チームを〜]	くむ	former [〜 une équipe]
トーナメント		tournoi
精神的[な]	せいしんてき[な]	mental
登校[する]	とうこう[する]	aller à l'école
拒否[する]	きょひ[する]	refuser
下校[する]	げこう[する]	sortir de l'école
標語	ひょうご	devise
特効薬	とっこうやく	remède spécifique
例外	れいがい	exception
広まる[世界中に〜]	ひろまる[せかいじゅうに〜]	se répandre [〜 dans le monde entier]

話す・聞く

入会[する]	にゅうかい[する]	s'inscrire
自己紹介	じこしょうかい	présentation de soi
アピール[する]		insister sur ses attraits
役者	やくしゃ	acteur
新入部員	しんにゅうぶいん	nouveau membre d'un club
部員	ぶいん	membre d'un club
部活動	ぶかつどう	activité d'un club
役立てる	やくだてる	rendre utile
入部[する]	にゅうぶ[する]	devenir membre d'un club
ささやか[な]		petit, modeste
〜祭	〜さい	festival de 〜 , fête de 〜
伝統	でんとう	tradition
誇り	ほこり	fierté
受け継ぐ	うけつぐ	hériter

バトン		témoin
舞台	ぶたい	scène
舞台装置	ぶたいそうち	scénographie
装置	そうち	décor
衣装	いしょう	costume
華やか[な]	はなやか[な]	splendide et voyant
覚悟[する]	かくご[する]	se préparer à
ありきたり[の]		banal
時計回り	とけいまわり	sens des aiguilles d'une montre
タイヤ		pneu
ストッパー		bouchon
筋肉	きんにく	muscle
モーター		moteur
生かす	いかす	tirer parti de
万年〜	まんねん〜	éternel 〜
補欠	ほけつ	suppléant
レギュラー		titulaire
いわゆる		ce qu'on appelle
ボール拾い	ボールひろい	ramasseur de balles
下積み	したづみ	subalterne
サークル		cercle
小噺	こばなし	histoire drôle
喜劇	きげき	comédie
ユニーク[な]		unique
揃う	そろう	se réunir
引き継ぐ	ひきつぐ	succéder, reprendre
引き締める	ひきしめる	tendre
披露[する]	ひろう[する]	présenter
準決勝	じゅんけっしょう	demi-finale
電卓	でんたく	calculatrice
空想	くうそう	imagination
こもる		s'enfermer
引きこもり	ひきこもり	reclus
コンパス		compas

手放す	てばなす	se passer de
方向音痴	ほうこうおんち	quelqu'un qui n'a aucun sens de l'orientation
ナビゲーター		appareil de navigation
かゆい所に手が届く	かゆいところにてがとどく	attentionné jusqu'aux moindres détails
お人よし	おひとよし	bon enfant
警察官	けいさつかん	policier
詐欺	さぎ	escroquerie
防ぐ	ふせぐ	prévenir

文法・練習

幼児	ようじ	petit enfant (âge préscolaire)
流行[する]	りゅうこう[する]	être à la mode, populaire
おもに		principalement
反抗[する]	はんこう[する]	se révolter
甘い[管理体制が〜]	あまい[かんりたいせいが〜]	[le système de contrôle 〜] manquer de rigueur
難民キャンプ	なんみんキャンプ	camps de réfugiés
医療活動	いりょうかつどう	activités des soins médicaux
医療	いりょう	soins médicaux
使命[感]	しめい[かん]	[sens de la] mission
定年	ていねん	âge de retraite
受賞[する]	じゅしょう[する]	recevoir un prix
物理	ぶつり	physique
道[物理の〜]	みち[ぶつりの〜]	carrière [〜 en physique]
行儀作法	ぎょうぎさほう	règles de politesse
行儀	ぎょうぎ	manières
作法	さほう	bonnes manières
和	わ	harmonie
深まる[理解が〜]	ふかまる[りかいが〜]	[la compréhension 〜] s'approfondir
身につける	みにつける	acquérir
取り戻す	とりもどす	retrouver, reprendre
〜号[台風〜]	〜ごう[たいふう〜]	[typhon 〜] numéro 〜
上陸[する]	じょうりく[する]	atteindre (l'archipel)
見込み	みこみ	prévision

セツブンソウ		Shibateranthis pinnatifida
分布[する]	ぶんぷ[する]	être répandu
通勤[ラッシュ]	つうきん	[affluence pour] se rendre au travail
桜前線	さくらぜんせん	front de floraison des cerisiers
〜前線[桜〜]	〜ぜんせん[さくら〜]	front 〜 [〜 de floraison des cerisiers]
日本列島	にほんれっとう	l'archipel du Japon
北上[する]	ほくじょう[する]	se diriger vers le nord
梅雨	つゆ	saison des pluies
見た目	みため	apparence
評判	ひょうばん	réputation
国家試験	こっかしけん	concours national
気が合う	きがあう	s'entendre bien
赤字	あかじ	déficit
常に	つねに	constamment
思い起こす	おもいおこす	se rappeler
〜ごと[中身〜]	[なかみ〜]	avec 〜 [〜 le contenu]
ポピュラー[な]		populaire

問題

担任	たんにん	chargé de
保護者会	ほごしゃかい	réunion des parents
学期[新〜]	がっき[しん〜]	[nouveau 〜] trimestre/semestre, rentrée des classes
飼育[する]	しいく[する]	élever
一体感	いったいかん	sentiment de l'unité
無用[な]	むよう[な]	inutile
後ろ向き	うしろむき	passif, négatif
前向き	まえむき	positif, constructif
油断[する]	ゆだん[する]	relâcher sa vigilance
初回	しょかい	première manche
得点	とくてん	score
興奮[する]	こうふん[する]	s'exciter
チームメイト		coéquipier
以前	いぜん	auparavant

掃く	はく	balayer
清掃[する]	せいそう[する]	nettoyer
廃品回収	はいひんかいしゅう	récupération des objets inutilisables
回収[する]	かいしゅう[する]	récupérer
電化[する]	でんか[する]	électrifier
個別	こべつ	individuel
豆腐	とうふ	tofu (fromage de soja)
手元	てもと	mains
そうっと/そっと		délicatement, doucement
扱う	あつかう	traiter
未～[～経験]	み～[～けいけん]	(préfixe) ne pas avoir ～ [～ expérimenté]
体験[する]	たいけん[する]	faire l'expérience
自信	じしん	confiance en soi
力[生きる～]	ちから[いきる～]	force [～ pour vivre]
サポート[する]		aider, soutenir
敵	てき	ennemi
状態	じょうたい	situation
走りこむ	はしりこむ	courir
パスコース		ouverture pour une passe
パス		passe
シュート[する]		tirer

ちょっと自慢話になりますが、……。 　Ce n'est pas pour me vanter mais ...

> Utilisé avant de se flatter

～の経験を～に生かせたらいいなと思います。 　Je pense que ce serait bien si je peux utiliser mon expérience de ～ dans ～.

いわゆる～です。 　C'est ce qu'on appelle ～.

> Reformuler par une explication plus communément utilisée

森政弘　　　　　Mori Masahiro : pionnier de la robotique japonaise. 1927-.
スペイン風邪　　grippe espagnole : pandémie de grippe entre l'été et l'automne 1918.
ゴビ砂漠　　　　désert de Gobi

Leçon 20

読む・書く

尺八	しゃくはち	shakuhachi (flûte droite en bambou)
理解[する]	りかい[する]	comprendre
文化面[新聞の〜]	ぶんかめん[しんぶんの〜]	rubrique culturelle [〜 du journal]
プロフィール		profile
取る[相撲を〜]	とる[すもうを〜]	faire [〜 du sumo]
手順	てじゅん	manière de procéder
管楽器	かんがっき	instrument à vent
邦楽	ほうがく	musique japonaise traditionnelle
笙	しょう	sho (orge à bouche)
琴	こと	koto (harpe japonaise longue et plate)
三味線	しゃみせん	shamisen (instrument à trois cordes dont on joue avec un plectre)
小鼓	こつづみ	kotsuzumi (petit tambour en forme de sablier)
民族[音楽]	みんぞく[おんがく]	[musique 〜] ethnique, folklorique
奏者	そうしゃ	joueur
授かる[号を〜]	さずかる[ごうを〜]	être décerné [〜 d'un nom d'artiste]
内外[国の〜]	ないがい[くにの〜]	intérieur et extérieur [〜 d'un pays]
古典	こてん	classique
修業[する]	しゅぎょう[する]	faire son apprentissage
自ら	みずから	soi-même
半生	はんせい	moitié d'une vie
著書	ちょしょ	œuvre (écrite par la personne)
音色	ねいろ	sonorité
ノンフィクション		documentaire, non-fictionnel
〜賞	〜しょう	prix 〜
アフロヘアー		coiffure afro
もと[宗家の〜]	[そうけの〜]	sous la direction du [〜 maître de l'école d'art …]
初心者	しょしんしゃ	débutant

厄介[な]	やっかい[な]	épineux
トロンボーン		trombone
フルート		flûte
吹く	ふく	jouer, souffler
あっさり		facilement
出す[音を〜]	だす[おとを〜]	produire [〜 un son]
〜そのもの		〜 en soi
在り方	ありかた	ce que doit être (quelque chose)
進級[する]	しんきゅう[する]	passer dans la classe supérieure
重視[する]	じゅうし[する]	accorder de l'importance
疑問	ぎもん	doute
持つ[疑問を〜]	もつ[ぎもんを〜]	avoir [〜 un doute]
徹底的[な]	てっていてき[な]	approfondi, exhaustif
愛好者	あいこうしゃ	amateur, passionné
初演[する]	しょえん[する]	donner la première représentation
〜人口[尺八〜]	〜じんこう[しゃくはち〜]	ensemble des personnes [〜 jouant du shakuhachi]
急速[な]	きゅうそく[な]	rapide
増加[する]	ぞうか[する]	augmenter
いやし		apaisement
古臭い	ふるくさい	démodé
斬新[な]	ざんしん[な]	nouveau
先入観	せんにゅうかん	prévention
接する	せっする	entrer en contact
主張[する]	しゅちょう[する]	affirmer
財産	ざいさん	fortune, richesses
国籍	こくせき	nationalité
目の色	めのいろ	couleur des yeux
すんなり		sans heurts, aisément
宝	たから	trésor
含める	ふくめる	inclure
伝統文化	でんとうぶんか	culture traditionnelle
イラスト		illustration
レイアウト		mise en pages

工夫[する]	くふう[する]	s'ingénier à

話す・聞く

主催[する]	しゅさい[する]	organiser
部門	ぶもん	catégorie
最〜[〜優秀賞]	さい〜[〜ゆうしゅうしょう]	le meilleur 〜 [〜 prix d'excellence]
広報[〜誌]	こうほう[〜し]	[magazine d' 〜] information
掲載[する]	けいさい[する]	insérer, publier
初対面	しょたいめん	la première rencontre
終える	おえる	finir
十両	じゅうりょう	juryo (deuxième meilleure division dans la classification du sumo)
相撲部屋	すもうべや	écurie (groupe) du sumo
抱負	ほうふ	ambition
機関誌	きかんし	bulletin
光栄	こうえい	honneur
実家	じっか	chez les parents
ジュニア		junior
世界選手権大会	せかいせんしゅけんたいかい	championnat du monde
入門[する]	にゅうもん[する]	devenir disciple et commencer son apprentissage
初土俵	はつどひょう	premier tournoi pour un lutteur de sumo
わずか[な]		à peine, seulement
関取	せきとり	lutteurs de sumo de la première et deuxième meilleures divisions
順風満帆	じゅんぷうまんぱん	avoir le vent en poupe
上がる[十両に〜]	あがる[じゅうりょうに〜]	monter [〜 en grade de juryo]
命日	めいにち	anniversaire de la mort
昇進[する]	しょうしん[する]	être promu
知らせ	しらせ	notification
さぞ		sûrement
離れる[故郷を〜]	はなれる[こきょうを〜]	quitter [〜 sa région natale]

特殊[な]	とくしゅ[な]	spécial
ちゃんこ鍋	ちゃんこなべ	chanko nabe (plat préparé dans une grande marmite avec de la viande, du poisson et des légumes)
わがまま[な]		égoïsme, caprice
納豆	なっとう	natto (haricots de soja fermentés)
いける		c'est bon
四股名	しこな	nom professionnel d'un lutteur de sumo
力強い	ちからづよい	vigoureux
響き	ひびき	résonance
ニックネーム		surnom
師匠	ししょう	maître
力士	りきし	lutteur de sumo
生まれ変わる	うまれかわる	renaître
慣習	かんしゅう	coutume
報いる	むくいる	récompenser
応援[する]	おうえん[する]	soutenir
さらなる		davantage
貴重[な]	きちょう[な]	précieux
経営者	けいえいしゃ	gérant
手作り	てづくり	fait à la main
医師	いし	médecin
ドキュメンタリー		documentaire
姿	すがた	image
頼る	たよる	dépendre de
寄り添う	よりそう	rester à côté de
余暇	よか	loisirs
まとめる[内容を〜]	[ないようを〜]	mettre en ordre

文法・練習

共同	きょうどう	commun
田植え	たうえ	repiquage du riz
毒へび	どくへび	serpent venimeux
毒	どく	venin

ホッとする		se sentir soulagé
腹が立つ	はらがたつ	se mettre en colère
演奏家	えんそうか	jouer
国立大学	こくりつだいがく	université nationale
私立大学	しりつだいがく	université privée
経済的[な]	けいざいてき[な]	économique
学費	がくひ	frais de scolarité
進学[する]	しんがく[する]	s'inscrire (dans un établissement d'enseignement plus avancé)
失業[する]	しつぎょう[する]	perdre son travail
悩む	なやむ	se tourmenter
引退[する]	いんたい[する]	prendre sa retraite
渡り歩く	わたりあるく	passer d'une chose à l'autre
ようやく		enfin
長時間	ちょうじかん	longues heures
一致[する]	いっち[する]	être d'accord
延長戦	えんちょうせん	prolongation
延長[する]	えんちょう[する]	prolonger
交渉[する]	こうしょう[する]	négocier
アップ[する]		augmenter
愛犬	あいけん	son chien adoré
とうとう		finalement
母校	ぼこう	son ancienne école
偽物	にせもの	contrefaçon, imitation
重い[病気が〜]	おもい[びょうきが〜]	[la maladie est 〜] grave
湧き起こる	わきおこる	monter
柔らかい[頭が〜]	やわらかい[あたまが〜]	[l'esprit est 〜] flexible
子猫	こねこ	chaton
持ち出す	もちだす	soulever
拍手[する]	はくしゅ[する]	applaudir
民主主義	みんしゅしゅぎ	démocratie
運動神経	うんどうしんけい	habilité sportive
一流	いちりゅう	premier ordre

問題

商品開発	しょうひんかいはつ	développement des produits
アイス		glace
原材料	げんざいりょう	ingrédient
試作品	しさくひん	prototype
失敗作	しっぱいさく	produit non réussi
企業秘密	きぎょうひみつ	secret de fabrication
ヒント		indice
待ち遠しい	まちどおしい	attendre avec impatience
ハープ		harpe
優雅[な]	ゆうが[な]	élégant
奏でる	かなでる	jouer
背丈	せたけ	taille
枠	わく	cadre
張る[弦を～]	はる[げんを～]	tendre [～ les cordes]
親指	おやゆび	pouce
はじく		donner une chiquenaude
上半身	じょうはんしん	partie supérieure du corps
揺らす	ゆらす	se balancer
掛け合い	かけあい	performance d'improvisation à plusieurs
リード[する]		diriger
現地	げんち	lieux
付け根	つけね	base de (cou, doigt, bras, épaule, cuisse)
痛む	いたむ	avoir mal
本場	ほんば	lieu d'origine
雰囲気	ふんいき	atmosphère
ふと		fortuitement
格好良い	かっこ[う]よい	élégant
ほれ込む	ほれこむ	s'éprendre
拍子	ひょうし／～びょうし	temps
同時進行[する]	どうじしんこう[する]	avancer simultanément
番組制作	ばんぐみせいさく	production de programme
同時	どうじ	simultané

ラテン音楽	ラテンおんがく	musique latino-américaine
渡る［現地に～］	わたる［げんちに～］	se rendre [～ sur place]
夜明け	よあけ	aube
即興演奏	そっきょうえんそう	performance improvisée
即興	そっきょう	improvisation
バンド		groupe de musique
加わる	くわわる	se rejoindre
持ち味	もちあじ	caractère propre
武者修行	むしゃしゅぎょう	stage d'entraînement
各地	かくち	divers endroits
刻む	きざむ	graver
自腹を切る	じばらをきる	payer de sa poche
独立［する］	どくりつ［する］	devenir indépendant
交じる	まじる	se mélanger
感激［する］	かんげき［する］	être très ému
自作	じさく	sa propre fabrication
がらくた		vieillerie
大型	おおがた	grand-modèle
空き缶	あきかん	boîte-vide
バネ		ressort
弦楽器	げんがっき	instrument à cordes
エコー		écho
説得［する］	せっとく［する］	persuader
素材	そざい	matériaux

お忙しいところ、お時間をいただきありがとうございます。～と申します。	Je sais à quel point vous êtes occupé, je vous remercie de consacrer ce temps pour moi. Je m'appelle ～.

Utilisé par un intervieweur pour commencer un entretien

～に紹介させていただきたいと思います。	J'aimerais écrire votre histoire dans ～.
まず、伺いたいんですが、……。	J'aimerais commencer par vous demander ...
それにしても、……。	Quoi qu'il en soit, ...
何か一言お願いできますでしょうか。	Puis-je vous demander d'en dire quelques mots ?

ますますのご活躍（かつやく）を期待（きたい）しております。　　Je souhaite une très bonne continuation.
> Utilisé par un intervieweur pour terminer un entretien

....

クリストファー遙盟（ようめい）　　Christopher Yohmei Blasdel : chercheur américain en musique folklorique. Joueur de shakuhachi et d'autres instruments de musique japonais.

蓮如 賞（れんにょしょう）　　Prix Rennyo : prix littéraire japonais pour récompenser la meilleure œuvre de non-fiction.

竹盟社（ちくめいしゃ）　　Chikumeisha : école de shakuhachi.

武満 徹（たけみつとおる）　　Takemitsu Toru : compositeur japonais de renommée internationale dans le domaine de la musique moderne.1930-1996.

「ノヴェンバー・ステップス」　　*November Steps* : œuvre pour biwa, shakuhachi et orchestre, composée par Takemitsu en 1967, qui l'a rendu célèbre mondialement.

臥牙丸関（がガまるぜき）　　Gagamaru-zeki : un lutteur de sumo originaire de Géorgie.

グルジア　　Géorgie

ベネズエラ　　Venezuela

ボサノバ　　bossa nova : version raffinée et urbaine de la samba brésilienne.

Leçon 21

読む・書く

表明[する]	ひょうめい[する]	déclarer
根拠	こんきょ	fondement, argument
基づく	もとづく	être basé sur
基に	もとに	basé sur
図表	ずひょう	graphique
飲み水	のみみず	eau potable
こだわり		attention toute particulière portée à quelque chose
深さ[関わりの〜]	ふかさ[かかわりの〜]	profondeur [〜 de la relation]
危機感	ききかん	sentiment de crise
糸目をつけない[金に〜]	いとめをつけない[かねに〜]	ne pas regarder [〜 à la dépense]
通人	つうじん	connaisseur
茶漬け	ちゃづけ	De l'eau chaude ou du thé vert versé sur un bol de riz.
漬物	つけもの	légume mariné salé
煎茶	せんちゃ	thé vert japonais
飯	めし	riz cuit
代金	だいきん	prix
両	りょう	ryo (unité de monnaie à l'époque d'Edo)
分	ぶ	bu (unité de monnaie à l'époque d'Edo, un quart d'un ryo)
吟味[する]	ぎんみ[する]	examiner pour la sélection
見当たる	みあたる	être trouvé
上流	じょうりゅう	amont
くむ[水を〜]	[みずを〜]	puiser [〜 de l'eau]
早飛脚	はやびきゃく	messagers express (époque d'Edo)
仕立てる	したてる	envoyer
故	ゆえ	parce que

運賃	うんちん	frais de transport
二の句もつげない	にのくもつげない	rester muet d'étonnement
上水	じょうすい	aqueduc
主流	しゅりゅう	courant principal
清冽	せいれつ	cristallin
うたう		célébrer
名水	めいすい	l'eau célèbre
目立つ	めだつ	visible, voyant
産湯	うぶゆ	premier bain d'un nouveau-né
末期	まつご	derniers moments de la vie
切る[縁を〜]	きる[えんを〜]	rompre [〜 la relation]
あこがれる		adorer, désirer
一方的[な]	いっぽうてき[な]	unilatéral
決めつける	きめつける	se faire sa propre idée
あおりたてる		agiter
確実[な]	かくじつ[な]	sûr, certain
質	しつ	qualité
落とす[質を〜]	おとす[しつを〜]	diminuer [〜 la qualité]
有数	ゆうすう	un des meilleurs
主食	しゅしょく	nourriture de base
炊く	たく	faire cuire (du riz)
自体	じたい	en soi
たっぷり		abondamment
副食	ふくしょく	nourriture subsidiaire
ミソ汁	ミソしる	soupe miso
大半	たいはん	la plupart
銘柄米	めいがらまい	variétés célèbres de riz de qualité supérieure
とびきり		extra
玉露	ぎょくろ	thé vert japonais de première qualité
極上の	ごくじょうの	première qualité
地下水	ちかすい	eau souterraine
良質	りょうしつ	bonne qualité
豊富[な]	ほうふ[な]	abondant
雨水	あまみず	eau de pluie

雪どけ水	ゆきどけみず	fonte des neiges
杉	すぎ	cyprès du Japon
松	まつ	pin
クヌギ		une sorte de chêne
しみ込む	しみこむ	s'infiltrer
常時	じょうじ	continuellement
湧く	わく	jaillir
岩石	がんせき	roche
入り込む	はいりこむ	envahir
リゾート開発	リゾートかいはつ	exploitation des stations touristiques
ゴルフ場	ゴルフじょう	terrain de golf
伐採[する]	ばっさい[する]	abattre
破壊[する]	はかい[する]	détruire
汚れる[地下水が〜]	よごれる[ちかすいが〜]	[l'eau souterraine 〜] être pollué(e)
英訳[する]	えいやく[する]	traduire en anglais
水を差す	みずをさす	jeter un froid, décourager
水を向ける	みずをむける	donner la parole
水かけ論	みずかけろん	discussion interminable
水入らず	みずいらず	dans l'intimité
誘い水	さそいみず	amorçage de la pompe
堪能[な]	たんのう[な]	bon, fort (en quelque chose)
訳す	やくす	traduire
周辺	しゅうへん	alentours
密着[する]	みっちゃく[する]	être étroitement lié
独自[な]	どくじ[な]	particulier, propre
築きあげる	きずきあげる	construire
崩れる	くずれる	s'effondrer
共通[する]	きょうつう[する]	être commun
単語	たんご	mot
ファッション		mode

話す・聞く

| 横ばい | よこばい | stationnaire |
| 進む | すすむ | progresser |

減少[する]	げんしょう[する]	diminuer
著しい	いちじるしい	remarquable
とる[食事を〜]	[しょくじを〜]	prendre [〜 le repas]
個食	こしょく	repas individuel (manger seul)
図	ず	graphique
興味深い	きょうみぶかい	intéressant
ご覧ください	ごらんください	Regardez s'il vous plaît
食育	しょくいく	éducation nutritionnelle
白書	はくしょ	livre blanc
調理[する]	ちょうり[する]	cuisiner
聞きなれる	ききなれる	s'habituer à entendre
〜済み[調理〜]	〜ずみ[ちょうり〜]	(suffixe une action accomplie) [〜 cuisine] (déjà cuisiné)
食材	しょくざい	ingrédient alimentaire
惣菜	そうざい	plats quotidiens
手軽[な]	てがる[な]	facile, pratique
外部化	がいぶか	externalisation
再び	ふたたび	de nouveau
近年	きんねん	ces dernières années
依然	いぜん	toujours
形態	けいたい	forme
様変わり	さまがわり	métamorphose
受講[する]	じゅこう[する]	assister à un cours
気になる	きになる	se préoccuper
囲む[食卓を〜]	かこむ[しょくたくを〜]	s'asseoir autour d' [〜 une table]
回答[する]	かいとう[する]	répondre
〜人中〜人	〜にんちゅう〜にん	〜 personne(s) sur 〜
上昇[する]	じょうしょう[する]	monter
就労[する]	しゅうろう[する]	être embauché
訪日[する]	ほうにち[する]	visiter le Japon
推移[する]	すいい[する]	changer
キャンペーン		compagne
円安	えんやす	dépréciation du yen
最多	さいた	le plus nombreux

新型	しんがた	nouveau (type, modèle)
増減[する]	ぞうげん[する]	augmenter et diminuer
外的[な]	がいてき[な]	externe
要因	よういん	facteur
信頼性	しんらいせい	fiabilité
入手[する]	にゅうしゅ[する]	obtenir
世帯	せたい	foyer
進学率	しんがくりつ	pourcentage des élèves qui poursuivent leurs études
保有台数	ほゆうだいすう	nombre de véhicules possédés

文法・練習

得る	える	obtenir
よしあし		bien ou mal
名医	めいい	grand médecin
けち[な]		avare
不器用[な]	ぶきよう[な]	maladroit
俳句	はいく	haïku
節電[する]	せつでん[する]	économiser l'électricité
使用量	しようりょう	quantité utilisée
報道[する]	ほうどう[する]	annoncer
出産[する]	しゅっさん[する]	accoucher
口が[の]悪い	くちが[の]わるい	être une mauvaise langue
評論家	ひょうろんか	commentateur
基本	きほん	base
列	れつ	queue
積み重ねる	つみかさねる	accumuler
それなり		à sa manière
年輪	ねんりん	expérience de la vie
化粧[する]	けしょう[する]	se maquiller
判断[する]	はんだん[する]	juger
購入[する]	こうにゅう[する]	acheter
検討[する]	けんとう[する]	examiner, étudier
災害時	さいがいじ	temps des catastrophes

安全基準	あんぜんきじゅん	normes de sécurité
責任	せきにん	responsabilité
遺産	いさん	héritage
外交官	がいこうかん	diplomate
きずな		nœud, lien
深める	ふかめる	approfondir
母語	ぼご	langue maternelle
コレステロール		cholestérol
値[コレステロール〜]	ち	taux (de cholestérol)
莫大[な]	ばくだい[な]	énorme
社会貢献	しゃかいこうけん	contribution à la société
貢献[する]	こうけん[する]	contribuer
ブランド		marque
バリアフリー		accès pour tous
障害	しょうがい	handicap
ダイビング[する]		faire de la plongée

問題

インスタントラーメン		nouille instantanée
消費量	しょうひりょう	consommation
総〜[〜消費量]	そう〜[〜しょうひりょう]	total [〜 de la consommation]
およそ		environ
麺	めん	nouille
ハウス		serre
養殖[する]	ようしょく[する]	faire un élevage
冷凍	れいとう	congélation
出回る	でまわる	faire son apparition sur le marché
乏しい	とぼしい	manquer de
イチゴ		fraise
クリスマスケーキ		gâteau de Noël
カツオ		bonite
サンマ		balaou du Pacifique
季語	きご	mots de saison (pour haïku)
旬	しゅん	de saison

技	わざ	art, technique
しきたり		tradition
呉服	ごふく	tissu pour kimono
若だんな	わかだんな	jeune patron
あらゆる		tout (tout ce qui est possible)
番頭	ばんとう	chef des employés
思い知る	おもいしる	se rendre compte
蔵	くら	entrepôt
腐る	くさる	pourrir
季節外れ	きせつはずれ	hors saison
房	ふさ	quartier
せいぜい		à peine

これは～を示す～です。	Voici ～ qui montre ～.
～に見られるように、……。	Comme vous pouvez le voir à partir de ～ , ...

Tirer une conclusion à partir des données

以上から、…ことがお分かりいただけると思います。	À partir de ce que je viens de dire, je pense que vous voyez bien que ....

Préciser ce qui ressort de l'ensemble des données

…と言えるのではないでしょうか。	Je pense qu'on peut affirmer que ....

Donner son analyse, en s'appuyant sur les données

多摩川（たまがわ）	la rivière Tama : rivière traversant une partie de Tokyo et se déversant dans la baie de Tokyo.
小泉武夫（こいずみたけお）	Koizumi Takeo : agronome japonais, écrivain. 1943-.
農水省（のうすいしょう）	ministère de l'Agriculture, des Forêts et des Pêches.
食育白書（しょくいくはくしょ）	livre blanc sur l'éducation nutritionnelle "Rapport sur la politique de promotion sur l'éducation nutritionnelle", édité par le Service généraux du Premier ministre.
イチロー選手（せんしゅ）	Suzuki Ichiro : joueur de baseball japonais. Ayant joué pour les Mariners Seatle (2001-2012), et à partir de 2012, il joue pour les Yankees de New York (ces 2 équipes faisant partie de la Ligue majeure de baseball).
スピルバーグ	Steven Spielberg : réalisateur et producteur de film. Américain (1946-).
「千両（せんりょう）みかん」	*Senryo mikan* (mandarine de mille ryo) : un répertoire de rakugo.

Leçon 22

読む・書く

死亡記事	しぼうきじ	nécrologie
死亡[する]	しぼう[する]	décéder
手紙文	てがみぶん	style épistolaire
依頼状	いらいじょう	lettre de demande
死生観	しせいかん	vision de la vie et la mort
ディスカッション		discussion
通信手段	つうしんしゅだん	moyen de communication
手段	しゅだん	moyen
拝啓	はいけい	(formule épistolaire du début) cher, chère
時下	じか	actuellement
[ご]健勝	[ご]けんしょう	bonne santé
小社	しょうしゃ	notre société
目下	もっか	maintenant
類	るい	genre
ネクロロジー		nécrologie
物故者	ぶっこしゃ	décédé
略伝	りゃくでん	aperçu biographique
編纂[する]	へんさん[する]	compiler
玉稿	ぎょっこう	votre précieux article (manuscrit)
たまわる		avoir l'honneur de recevoir
次第	しだい	raison des circonstances
当の	とうの	ledit (ladite)
本人	ほんにん	personne en question
執筆[する]	しっぴつ[する]	rédiger
点[という〜]	てん	point [〜 sur lequel ...]
存命[中]	ぞんめい[ちゅう]	[pendant que quelqu'un est encore 〜] en vie
人物	じんぶつ	personnage
業績	ぎょうせき	résultats, travaux
辞世	じせい	adieu à la vie, mort

墓碑銘	ぼひめい	épitaphe
不謹慎	ふきんしん	inconvenant
興味本位	きょうみほんい	pour s'amuser
推察[する]	すいさつ[する]	deviner
死	し	mort
生	せい	vie
さらす		exposer
集約[する]	しゅうやく[する]	résumer
人名事典	じんめいじてん	dictionnaire biographique
記述[する]	きじゅつ[する]	décrire
客観的[な]	きゃっかんてき[な]	objectif
抱く	いだく	avoir
別問題	べつもんだい	une autre question
承知[する]	しょうち[する]	connaître
いっそ		plutôt
隔てる	へだてる	s'écouler
中略	ちゅうりゃく	partie omise
本書	ほんしょ	ce livre
意図[する]	いと[する]	viser
敬具	けいぐ	(formule épistolaire de la fin) Respectueusement
色は匂へどちりぬるを	いろはにおへ(え)どちりぬるを	Les couleurs sont parfumées, mais elles s'estompent
氏	し	monsieur, madame
生前	せいぜん	de son vivant
遺骨	いこつ	cendres
三無主義	さんむしゅぎ	principe des trois "non"
主義	しゅぎ	principe
唱える	となえる	prêcher (un principe de vie)
遺書	いしょ	testament
記す	しるす	marquer
公言[する]	こうげん[する]	déclarer ouvertement
遺族	いぞく	famille d'un défunt
忠実[な]	ちゅうじつ[な]	fidèle

覆い隠す	おおいかくす	cacher
生涯	しょうがい	toute sa vie
宗教	しゅうきょう	religion
通す	とおす	passer
満月	まんげつ	pleine lune
仰ぐ	あおぐ	regarder en levant les yeux au ciel
夢想[する]	むそう[する]	rêver
はたして		vraiment
最期	さいご	fin, mort
定か[な]	さだか[な]	certain
悟る	さとる	prendre conscience
心得	こころえ	connaissances, instructions
断食[する]	だんじき[する]	jeûner
往生[する]	おうじょう[する]	mourir
現時点	げんじてん	à présent
すべ		moyen
かねて		depuis longtemps
一握り	ひとにぎり	une poignée
散骨	さんこつ	dispersion des cendres du défunt
知友	ちゆう	amis et connaissances
遺灰	いはい	cendres
みちすがら		chemin faisant
因縁	いんねん	relation
散布[する]	さんぷ[する]	disperser
愛唱句	あいしょうく	poème favori
制作意図	せいさくいと	intention de produire
制作[する]	せいさく[する]	produire, réaliser
夢みる	ゆめみる	rêver de
山あり谷あり	やまありたにあり	Il y a des hauts et des bas
振り返る	ふりかえる	regarder en arrière
功績	こうせき	mérite
還暦	かんれき	fête de son soixantième anniversaire
迎える[還暦を〜]	むかえる[かんれきを〜]	atteindre [〜 sa soixantième année]
フェア		foire

開催[する]	かいさい[する]	ouvrir
資金	しきん	fonds
団体	だんたい	collectivité
御中	おんちゅう	à ～ (nom d'un organisme)
時候	じこう	chaque saison
趣旨	しゅし	idée principale
企画[する]	きかく[する]	monter un projet
意義	いぎ	sens, importance
依頼[する]	いらい[する]	demander
伝記	でんき	biographie

話す・聞く

ゼミ		séminaire
文末	ぶんまつ	fin de la phrase
遠慮がち	えんりょがち	tendance à se montrer réservé
意思	いし	volonté, intention
議題	ぎだい	sujet de discussion
産む	うむ	avoir des enfants
保育所	ほいくしょ	crèche
ためらう		hésiter
せめて		au moins
給食	きゅうしょく	demi-pension
保育施設	ほいくしせつ	établissement pour la garde d'enfants
～施設[保育～]	～しせつ[ほいく～]	Établissement [～ pour la garde d'enfants]
充実[する]	じゅうじつ[する]	améliorer
無償	むしょう	gratuit
恩恵	おんけい	bénéfice
不公平[感]	ふこうへい[かん]	[sentiment d' ～] injustice
核家族	かくかぞく	famille nucléaire
育児休暇	いくじきゅうか	congé parental
育児	いくじ	éducation et soins du jeune enfant
子育て	こそだて	éducation des enfants, élever un enfant
積極的[な]	せっきょくてき[な]	actif
放棄[する]	ほうき[する]	abandonner

イジメ		harcèlement
任せる	まかせる	confier
縛る	しばる	astreindre
解消[する]	かいしょう[する]	résoudre
カップル		couple
こだわる		s'attacher à
背景	はいけい	arrière-plan
カギ[問題を解決する〜]	[もんだいをかいけつする〜]	clé [〜 pour résoudre le problème]
未婚	みこん	célibataire
晩婚	ばんこん	mariage tardif
発想[する]	はっそう[する]	avoir une idée
転換[する]	てんかん[する]	changer
値上げ	ねあげ	augmentation du prix
居住〜[〜環境]	きょじゅう〜[〜かんきょう]	[environnement d'〜] habitation
レベル		niveau
年金	ねんきん	pension
年金生活[者]	ねんきんせいかつ[しゃ]	allocataire (de pension)
安易[な]	あんい[な]	de facilité
スライド[する]		être indexé
仕方[が]ない	しかた[が]ない	Il n'y a pas d'autre solution. Ce n'est pas grave.
交わり	まじわり	relations, fréquentation
無駄遣い	むだづかい	gaspillage
誘惑[する]	ゆうわく[する]	tenter
日頃	ひごろ	d'habitude
オンラインゲーム		jeux en ligne
率直[な]	そっちょく[な]	franc
意見交換	いけんこうかん	échange d'idées
まとめ役	まとめやく	modulateur

文法・練習

共有[する]	きょうゆう[する]	partager
移転[する]	いてん[する]	déménager

出席率	しゅっせきりつ	taux de présence
運転免許証	うんてんめんきょしょう	permis de conduire
経済成長期	けいざいせいちょうき	période de croissance économique
倍	ばい	double
皆様	みなさま	vous tous
国連	こくれん	ONU (Organisation des Nations Unies)
通訳[する]	つうやく[する]	faire de l'interprétariat
左右[する]	さゆう[する]	influencer
乳幼児	にゅうようじ	nourrisson
死亡率	しぼうりつ	taux de mortalité
生命体	せいめいたい	organisme vivant
着用[する]	ちゃくよう[する]	porter
他人	たにん	les autres
発達[する]	はったつ[する]	se développer
地動説	ちどうせつ	héliocentrisme
信念	しんねん	conviction
にこにこ[する]		sourire
待ち望む	まちのぞむ	attendre avec plaisir
めったに		rarement
よほど		vraiment
機嫌	きげん	humeur
ストレス		stress
たまる[ストレスが〜]		[le stresse 〜] s'accumuler
突く	つく	toucher
エコロジー		écologie
思想	しそう	idées, pensée
まもなく		bientôt
そうした		ce genre de
労働力	ろうどうりょく	main-d'œuvre
依存[する]	いそん[する]	dépendre de
労働者	ろうどうしゃ	travailleur
受け入れる	うけいれる	accueillir
労働条件	ろうどうじょうけん	conditions de travail
労働	ろうどう	travail

整備[する]	せいび[する]	aménager
天	てん	les cieux
パスワード		mot de passe
地面	じめん	sol
凍る	こおる	geler
王様	おうさま	roi
幼い	おさない	très jeune
貧しい	まずしい	pauvre
援助[する]	えんじょ[する]	aider
刺激[する]	しげき[する]	stimuler
食料	しょくりょう	nourriture
不確か[な]	ふたしか[な]	incertain
児童公園	じどうこうえん	parc pour les enfants
児童	じどう	enfant, écolier
ブランコ		balançoire
滑り台	すべりだい	toboggan
甘やかす	あまやかす	gâter
予防接種	よぼうせっしゅ	vaccination
生きがい	いきがい	raison d'être
童話	どうわ	conte pour enfants

問題

意欲	いよく	motivation, volonté
公平[な]	こうへい[な]	impartial
科目	かもく	matière
社会保障	しゃかいほしょう	sécurité sociale
爆発[する]	ばくはつ[する]	exploser
急増[する]	きゅうぞう[する]	augmenter rapidement
雇用[する]	こよう[する]	embaucher
貧困	ひんこん	pauvreté
生む	うむ	engendrer
深刻[な]	しんこく[な]	sérieux
フェスタ		festival
私ども	わたくしども	nous

協会	きょうかい	association
展示[する]	てんじ[する]	exposer
詳細[な]	しょうさい[な]	détaillé
企画書	きかくしょ	projet
打ち合わせ	うちあわせ	concertation préalable
日程	にってい	programme
用件	ようけん	affaire
承諾[する]	しょうだく[する]	accepter
無気力[な]	むきりょく[な]	apathique
無断	むだん	sans permission
満たす	みたす	satisfaire
再会[する]	さいかい[する]	revoir
玩具	がんぐ	jouet
粘り強い	ねばりづよい	persévérant
要望[する]	ようぼう[する]	demander
息	いき	souffle, respiration
引き取る[息を〜]	ひきとる[いきを〜]	rendre [〜 le dernier souffle]
褒めたたえる	ほめたたえる	glorifier
熱意	ねつい	ardeur
響く	ひびく	résonner
鑑賞[する]	かんしょう[する]	apprécier
訴える	うったえる	faire appel

では、今日の議題、〜について話し合いたいと思います。	Alors, j'aimerais commencer la discussion d'aujourd'hui par le sujet suivant, 〜.
Commencer une discussion	
私は〜に反対です。	Je suis contre 〜.
〜より〜を〜べきじゃないでしょうか。	Ne devrions nous pas 〜, plutôt que de 〜?
その通りです。	Vous avez raison.
Exprimer son accord avec quelqu'un	
…のではなく、まず、…べきだと思います。	Je pense que nous devrions commencer par ..., et non par ....
ですが、〜さん。	Mais, M/Mme 〜.
Montrer à l'interlocuteur qu'on va exprimer une opinion contraire	

それもそうですね。	Il est vrai aussi.

Indiquer son accord

…なんじゃないでしょうか。	Je pense que c'est ….

Exprimer son opinion

ではそろそろ意見をまとめたいと思います。	Bon, je pense qu'il est temps de se mettre d'accord sur ce qu'on va faire.

Mettre fin à une discussion

山折哲雄（やまおりてつお）	Yamaori Tetsuo : philosophe et chercheur en science des religions. 1931-.
西行法師（さいぎょうほうし）	Saigyo Hoshi : poète japonais ayant vécu à la fin de l'époque de Heian. 1118-1190.
ガンジス川（がわ）	le Gange
ASEAN諸国（しょこく）	ASEAN (the Association of Southeast Asian Nations) ou ANASE (L'Association des nations de l'Asie du Sud-Est)
ガリレオ	Galileo Galilei (en italien), Galilée : physicien et astronome italien. 1564-1642.
アンデルセン童話（どうわ）	*Les contes d'Andersen* : une série de contes écrits par Hans Christian Andersen (écrivain de conte de fées).
「羅生門」（らしょうもん）	*Rashomon* : film japonais réalisé par Kurosawa Akira, sorti en 1950.
「生きる」（い）	*Ikiru* (*Vivre*) : film japonais réalisé par Kurosawa Akira, sorti en 1952.

Leçon 23

読む・書く

コモンズ		biens communs
悲劇	ひげき	tragédie
地球市民	ちきゅうしみん	citoyen de la Terre
オゾン層	オゾンそう	couche d'ozone
熱帯雨林	ねったいうりん	forêt tropicale
酸性雨	さんせいう	pluie acide
生物	せいぶつ	être vivant
絶滅[する]	ぜつめつ[する]	disparaître
大気汚染	たいきおせん	pollution atmosphérique
大気	たいき	atmosphère
汚染[する]	おせん[する]	polluer
現れる	あらわれる	se présenter
共有地	きょうゆうち	champ commun
牧草	ぼくそう	pâture
羊	ひつじ	mouton
あげる[利益を〜]	[りえきを〜]	faire [〜 des bénéfices]
試み始める	こころみはじめる	commencer à essayer
試みる	こころみる	essayer
荒廃[する]	こうはい[する]	se délabrer
捨て去る	すてさる	abandonner
投稿[する]	とうこう[する]	rédiger une contribution
懲りる	こりる	tirer une leçon douloureuse
仕組み	しくみ	système
掟	おきて	loi
組み込む	くみこむ	intégrer
物語	ものがたり	histoire
識者	しきしゃ	personne compétente
規模	きぼ	échelle
直結[する]	ちょっけつ[する]	être lié directement

普遍化	ふへんか	universalisation
公共圏	こうきょうけん	domaine public
水資源	みずしげん	ressources en eau
山林	さんりん	montagnes et forêts
河川	かせん	rivières
酸素	さんそ	oxygène
少々	しょうしょう	un peu
海洋	かいよう	océan, mer
神話	しんわ	mythe
道徳	どうとく	morale
支え	ささえ	soutien
自然科学	しぜんかがく	sciences naturelles
人文科学	じんぶんかがく	sciences humaines
織りまぜる	おりまぜる	combiner
ジレンマ		dilemme
掘り下げる	ほりさげる	approfondir
制御[する]	せいぎょ[する]	contrôler
無数の	むすうの	innombrable
相互作用	そうごさよう	interaction
解決策	かいけつさく	solution
農耕	のうこう	agriculture
教訓	きょうくん	leçon
灌漑	かんがい	irrigation
土壌	どじょう	sol
塩類	えんるい	sel
集積[する]	しゅうせき[する]	accumuler
縮小[する]	しゅくしょう[する]	être réduit (par assèchement)
海浜	かいひん	rivage
消失[する]	しょうしつ[する]	disparaître
等々	とうとう	etc.
数えあげる	かぞえあげる	énumérer
きり[〜がない]		[sans 〜] fin
つけ		prix à payer (pour une faute commise)
事象	じしょう	fait, phénomène

明確[な]	めいかく[な]	clair, précis
確率	かくりつ	probabilité
明らか[な]	あきらか[な]	évident
不可欠[な]	ふかけつ[な]	indispensable
段階	だんかい	étape
記号	きごう	signe
荒れる	あれる	délabré
植物	しょくぶつ	plante
生育[する]	せいいく[する]	croissance
工業	こうぎょう	industrie
種々	しゅじゅ	divers
チェックシート		feuille de contrôle
温度設定	おんどせってい	réglage de la température
温度	おんど	température
設定[する]	せってい[する]	régler, fixer

話す・聞く

クマゲラ		pic noir
林道	りんどう	chemin forestier
鳥類	ちょうるい	oiseaux
生息地	せいそくち	habitat
経緯	けいい	historique
決意[する]	けつい[する]	prendre la résolution
棲む	すむ	vivre
啄木鳥	きつつき	pic
しっぽ		queue
羽毛	うもう	plume
スケッチ[する]		faire le croquis
偶然	ぐうぜん	par hasard, par chance
ブナ		hêtre
原生林	げんせいりん	forêt primaire
多種多様	たしゅたよう	très varié
動植物	どうしょくぶつ	flore et faune
使い道	つかいみち	utilisation

木材	もくざい	bois
狭める	せばめる	réduire la dimension
保護[する]	ほご[する]	protéger
巣作り	すづくり	construction de nid
ねぐら		endroit pour dormir
天然記念物	てんねんきねんぶつ	espèces protégés
危ぐ[する]	きぐ[する]	craindre
種[絶滅危ぐ～]	しゅ[ぜつめつきぐ～]	espèce [～ menacée d'extinction]
世界自然遺産	せかいしぜんいさん	patrimoine naturel mondial
自然遺産	しぜんいさん	patrimoine naturel
農地	のうち	terre agricole
拡大[する]	かくだい[する]	étendre, agrandir
変動[する]	へんどう[する]	changer
絡みあう	からみあう	être entrelacé
持続[する]	じぞく[する]	durer
食糧	しょくりょう	alimentation, vivres
清聴	せいちょう	écoute attentive
砂浜	すなはま	plage
打ち寄せる	うちよせる	déferler
現状	げんじょう	situation actuelle
街並み	まちなみ	rues
故郷	こきょう	ville natale, pays natal
たびたび		souvent
自国	じこく	son propre pays
引き寄せる	ひきよせる	tirer vers soi
事例	じれい	exemple

文法・練習

国内	こくない	domestique
実り	みのり	récole, fructification
学力	がくりょく	connaissances scolaires
努力家	どりょくか	grand travailleur
非常時	ひじょうじ	cas urgent
本店	ほんてん	maison mère (magasin)

閉店[する]	へいてん[する]	fermer le magasin
ワールドカップ		coupe du monde
転ばぬ先の杖	ころばぬさきのつえ	(proverbe) marcher avec une canne pour éviter de tomber
杖	つえ	canne
朝令暮改	ちょうれいぼかい	(proverbe) manque de constance d'un principe, d'un ordre, etc.
品	しな	objet, article
愛情	あいじょう	amour, affection
引っ張る	ひっぱる	diriger
進む[調べが〜]	すすむ[しらべが〜]	[l'enquête 〜] avancer
機器	きき	appareils
薄れる[悲しみが〜]	うすれる[かなしみが〜]	[la tristesse 〜] s'estomper
高まる[緊張が〜]	たかまる[きんちょうが〜]	[la tension 〜] monter
染まる	そまる	être teint, être coloré
訪ねる	たずねる	rendre visite
イエス		yes, oui
真偽	しんぎ	authenticité (vrai ou faux)
火災	かさい	incendie
スプリンクラー		extincteur automatique à eau
設置[する]	せっち[する]	installer
義務[づける]	ぎむ[づける]	rendre obligatoire
通学[する]	つうがく[する]	aller à l'école
親友	しんゆう	meilleur(e) ami(e)
食物	しょくもつ	aliment
社会科	しゃかいか	étude de la société (matière scolaire)
地理	ちり	géographie
ジュードー		judo
ニンジャ		ninja (guerrier-espion de l'époque féodale du Japon)
ホストファミリー		famille d'accueil
フナずし		une variante de sushi, composée de funa (carpe, carassin) fermenté.
ドリアン		durian (fruit tropical de l'Asie du Sud-Est)

問題

農家	のうか	ferme
蓄える	たくわえる	amasser
蒸発[する]	じょうはつ[する]	s'évaporer
洪水	こうずい	inondation
仲人	なこうど	entremetteur
河口	かこう	estuaire
カキ		huître
漁師	りょうし	pêcheur
栄養分	えいようぶん	substances nutritives
循環[する]	じゅんかん[する]	suivre le cycle
サケ		saumon
取り込む	とりこむ	assimiler
まさに[その時]	[そのとき]	justement [〜à ce moment-là]
見守る	みまもる	veiller
消費[する]	しょうひ[する]	consommer
電化製品	でんかせいひん	appareils électriques
照明器具	しょうめいきぐ	appareils d'éclairage
蛍光灯	けいこうとう	lampe fluorescente
風通し	かぜとおし	aération

それがきっかけで…ようになりました。	C'est par cette occasion que j'ai été amené à ….
さて、〜ではどうでしょうか。	Bon, alors comment est-ce dans 〜 ?
Changer de sujet	
(悲しい)ことに、……。	Malheureusement, ….
Exprimer comment on se sent par rapport à ce qui va être dit	

....

イソップ物語	*Fables d'Ésope* : un recueil de fables qu'Ésope aurait écrit.
メソポタミア	Mésopotamie
アラル海	Mer d'Aral
和田英太郎	Wada Eitaro : un spécialiste japonais des sciences de la Terre. 1939-.

秋田	Akita : préfecture du Japon située dans l'ouest de la région de Tohoku, face à la Mer du Japon.
シェークスピア	William Shakespeare : dramaturge et poète anglais. 1564-1616.
「ハムレット」	*Hamlet* : une des quatre grandes tragédies de Shakespeare.
慶応義塾大学	Université Keio : une des universités privées au Japon, fondée par Fukuzawa Yukichi.
福沢諭吉	Fukuzawa Yukichi : penseur et éducateur. 1834-1901.
ピラミッド	les Pyramides
ナスカの地上絵	les géoglyphes de Nazca : figures (géométriques ou motifs d'animaux ou de plantes ...) tracées sur le sol, sur les hauts plateaux au Pérou.
ネッシー	le monstre du Loch Ness (Nessie) : monstre supposé vivre dans le lac de Loch Ness d'Écosse.
バミューダ・トライアングル	le Triangle des Bermudes : zone triangulaire délimitée par l'archipel des Bermudes, le côte Est de la Floride et l'île de Porto Rico. Il y a des légendes concernant mystérieuses disparitions de navire et d'aéronef.

Leçon 24

読む・書く

型	かた	tradition, conventions
はまる[型に〜]	[かたに〜]	être conforme [〜 aux conventions]
好奇心	こうきしん	curiosité
忍耐[力]	にんたい[りょく]	persévérance
就職試験	しゅうしょくしけん	examen de recrutement
面接[する]	めんせつ[する]	se présenter à l'entretien
約束事	やくそくごと	engagement, conventions
守る[約束を〜]	まもる[やくそくを〜]	respecter [〜 une convention]
服装	ふくそう	tenue
TPO	ティーピーオー	moment, lieu et occasion (Time, Place, Occasion)
[お]能	[お]のう	nô
破る[型を〜]	やぶる[かたを〜]	rompre [〜 la tradition]
とかく		être enclin à
見渡す	みわたす	regarder tout autour
あらざるもの		ce qui n'est pas
衣類	いるい	vêtement
しばり上げる	しばりあげる	ligoter
人跡	じんせき	trace humaine
絶える	たえる	s'arrêter
山奥	やまおく	fin fond des montagnes
面倒くさい	めんどうくさい	fastidieux
こんがらかる		s'emmêler
糸	いと	fil
ズタズタ[に]		manière de déchiqueter
切りさく	きりさく	déchiqueter
社会人	しゃかいじん	membre de la société
たる[社会人〜]	[しゃかいじん〜]	qui se dit [〜 membre de la société]
なんといおうと		quoi qu'on en dise

不自由[な]	ふじゆう[な]	dépourvu de liberté
うらやむ		envier
天才	てんさい	génie
話相手	はなしあいて	personne avec qui on discute
そうかといって		et pourtant
まぎらわす		se distraire
切実[な]	せつじつ[な]	sérieux
たより		soutien
茶杓	ちゃしゃく	cuillère en bambou pour mesurer la quantité de poudre de thé vert
一片	いっぺん	un bout
肉体	にくたい	corps
まかせきる		confier, dédier intégralement
愛用[する]	あいよう[する]	utiliser son préféré
滅びる	ほろびる	périr
鐘[お寺の〜]	かね[おてらの〜]	cloche [〜 de temple]
余音	よいん	résonances
とどめる		garder
後の[〜人々]	のちの[〜ひとびと]	[les gens d' 〜] après
おろか[な]		stupide
しのぶ		regretter
でっち上げる	でっちあげる	inventer
唯一	ゆいいつ	seul
近づく[利休へ〜]	ちかづく[りきゅうへ〜]	s'approcher [〜 Rikyu]
ほんと		vérité
けっとばす		donner un coup de pied
たしなみ		connaissance, goût
もと[間違いの〜]	[まちがいの〜]	source [〜 d'erreur]
後世	こうせい	postérité
残す[後世へ〜]	のこす[こうせいへ〜]	laisser [〜 à la postérité]
凡人	ぼんじん	homme ordinaire
獲得[する]	かくとく[する]	acquérir

話す・聞く

制作会社	せいさくがいしゃ	société de production
志望[する]	しぼう[する]	souhaiter, postuler
志望動機	しぼうどうき	motivation pour postuler
意志	いし	volonté, intention
告げる	つげる	annoncer, dire
当社	とうしゃ	notre entreprise
御社	おんしゃ	votre entreprise
事業	じぎょう	affaires
農産物	のうさんぶつ	produits agricoles
調達[する]	ちょうたつ[する]	fournir
確保[する]	かくほ[する]	assurer
win-win[な]	ウィンウィン[な]	gagnant-gagnant
感銘[する]	かんめい[する]	ressentir une émotion profonde
弊社	へいしゃ	notre entreprise
カップ麺	カップめん	nouille instantanée en boîte
出会い	であい	rencontre
香り	かおり	arôme
衝撃的[な]	しょうげきてき[な]	bouleversant
自炊[する]	じすい[する]	faire la cuisine soi-même
レトルト食品	レトルトしょくひん	sachet alimentaire pasteurisé
手に入る	てにはいる	pouvoir se procurer
贅沢[な]	ぜいたく[な]	de luxe
なるほど		en effet
ついていく[授業に〜]	[じゅぎょうに〜]	suivre [〜 le cours]
流れる[コマーシャルが〜]	ながれる	[le spot publicitaire 〜] s'afficher
科学技術	かがくぎじゅつ	technologie
就く[仕事に〜]	つく[しごとに〜]	trouver [〜 un emploi]
携わる	たずさわる	s'occuper de
職種	しょくしゅ	catégorie professionnelle
専門性	せんもんせい	spécialisation
専攻[する]	せんこう[する]	se spécialiser

アミノ酸	アミノさん	acide aminé
卒論	そつろん	mémoire de fin d'études
応用[する]	おうよう[する]	appliquer
実績	じっせき	résultats
医薬品	いやくひん	produits pharmaceutiques
化粧品	けしょうひん	produits cosmétiques
健康食品	けんこうしょくひん	produit alimentaire diététique
積む[経験を〜]	つむ[けいけんを〜]	accumuler [〜 de l'expérience]
突っ込む	つっこむ	demander plus de précisions
切り返す	きりかえす	répliquer
インストラクター		professeur, moniteur
配属[する]	はいぞく[する]	affecter
配偶者	はいぐうしゃ	conjoint(e)
短所	たんしょ	point faible
長所	ちょうしょ	point fort
適性	てきせい	aptitude
有無	うむ	existence ou non-existence
否定的[な]	ひていてき[な]	négatif

文法・練習

許す	ゆるす	accepter
ねじ		vis
人工衛星	じんこうえいせい	satellite
J-pop	ジェー・ポップ	J-pop (pop japonaise)
当店	とうてん	notre magasin
ジャンル		genre
胸[母親の〜]	むね[ははおやの〜]	poitrine [〜 de la mère]
座り込む	すわりこむ	s'avachi
協力[する]	きょうりょく[する]	collaborer
別れ[永遠の〜]	わかれ[えいえんの〜]	[le dernier 〜] adieu
神	かみ	dieu
ウォーター		eau
開店[する]	かいてん[する]	ouvrir
チーズ		fromage

やぎ乳	やぎにゅう	lait de chèvre
非常用	ひじょうよう	à utiliser en cas d'urgence
何とかなる	なんとかなる	pouvoir se débrouiller
グラウンド		terrain de sport
前方	ぜんぽう	devant
出る[結論が〜]	でる[けつろんが〜]	[une conclusion 〜] être tiré
了承[する]	りょうしょう[する]	consentir
起こす[行動を〜]	おこす[こうどうを〜]	se mettre [〜 en action]
銭湯	せんとう	bains publics
下駄	げた	sabot de bois traditionnel japonais
押し切る	おしきる	aller à l'encontre
励む	はげむ	s'appliquer à
昔々	むかしむかし	Il était une fois
失恋[する]	しつれん[する]	avoir une déception amoureuse
熱心[な]	ねっしん[な]	fervent
恐怖	きょうふ	peur
沈黙	ちんもく	silence

問題

就職活動	しゅうしょくかつどう	démarches pour obtenir un emploi
比較[する]	ひかく[する]	comparer
従事[する]	じゅうじ[する]	s'investir dans
推薦[する]	すいせん[する]	recommander
ＴＯＥＩＣ	トーイック	TOEIC
全力	ぜんりょく	(de) toutes ses forces
運営[する]	うんえい[する]	diriger, organiser
履歴書	りれきしょ	CV (curriculum vitae)
特技	とくぎ	compétence particulière
給与	きゅうよ	salaire
岐路	きろ	bifurcation d'un chemin
最寄り	もより	le plus proche
道筋	みちすじ	route, itinéraire
ルート		route, itinéraire
仕事場	しごとば	lieu de travail

遠回り	とおまわり	détour
飲み会	のみかい	soirée (avec des amis, des collègues)
選択[する]	せんたく[する]	choisir
彼我	ひが	autrui et soi
効率	こうりつ	efficacité
優先[する]	ゆうせん[する]	donner la priorité à
通行[する]	つうこう[する]	circuler
長い目	ながいめ	perspective à long terme
人柄	ひとがら	caractère
帰結	きけつ	aboutissement
旅路	たびじ	parcours
いつしか		sans s'en rendre compte
昆虫採集	こんちゅうさいしゅう	collection d'insectes
昆虫	こんちゅう	insecte
蝶道	ちょうどう	trajectoire de vol d'un papillon
網	あみ	filet
構える	かまえる	tenir une posture et attendre
アゲハチョウ		machaon
木立	こだち	bosquet
暗がり	くらがり	obscurité
日照	にっしょう	ensoleillement
食草	しょくそう	plantes utilisées pour nourrir les larves
メス		femelle
待ち構える	まちかまえる	attendre en étant prêt
収める	おさめる	mettre
理屈	りくつ	raisonnement
虫網	むしあみ	filet à papillons

…ことに感銘を受け、ぜひ御社で働きたいと思いました。 — J'ai été très impressionné par le fait que …, et j'aimerais beaucoup travailler dans votre entreprise.

Exprimer sa motivation à un entretien d'embauche

確(たし)かに……。しかし、……。　　　　　Certes, il est vrai que ..., mais ....

> Reformuler son point de vue à quelqu'un après avoir été dans un premier temps d'accord avec celui-ci

---

利休(りきゅう)　　Sen no Rikyu : maître de thé japonais à l'époque d'Azuchi-Momoyama. Il était au service de Oda Nobunaga et de Toyotomi Hideyoshi. 1522-1591.

世阿弥(ぜあみ)　　Zeami Motokiyo : acteur et dramaturge japonais du théâtre de nô au début de l'époque de Muromachi. Il a perfectionné le nô. 1363-1443 (dates approximatives).

白洲正子(しらすまさこ)　　Shirasu Masako : essayiste. 1910-1998.

プッチーニ　　Giacomo Puccini : compositeur italien. Compositeur de *Madame Butterfly* entre autres. 1858-1924.

Notes grammaticales supplémentaires

当日	とうじつ	le jour même
水不足	みずぶそく	manque d'eau
制限[する]	せいげん[する]	restreindre
みな / みんな		tous
移民[する]	いみん[する]	immigrer
人権	じんけん	droits de l'homme
最低	さいてい	au moins
欠席[する]	けっせき[する]	s'absenter
和菓子	わがし	gâteau japonais
割引[〜料金]	わりびき[〜りょうきん]	[tarif 〜] réduit
休館	きゅうかん	fermeture
クリニック		clinique, cabinet médical
診療科	しんりょうか	service clinique
総合病院	そうごうびょういん	hôpital, clinique
病状	びょうじょう	état médical
無口[な]	むくち[な]	taciturne
楽観的[な]	らっかんてき[な]	optimiste
農村	のうそん	milieu rural
プライド		fierté
傷つきやすい	きずつきやすい	se blesser facilement
ハンドバッグ		sac à main
昨晩	さくばん	hier soir
職場	しょくば	lieu de travail
寝不足	ねぶそく	manque de sommeil
ダイヤ		trafic des trains
大幅[な]	おおはば[な]	sérieux, important
乱れる	みだれる	être perturbé
はやる		il y a une épidémie
待合室	まちあいしつ	salle d'attente
混雑[する]	こんざつ[する]	être encombré

市内	しない	centre ville
直行便	ちょっこうびん	vol direct
百薬	ひゃくやく	divers médicaments
退院[する]	たいいん[する]	sortir de l'hôpital
止む	やむ	cesser
観客	かんきゃく	spectateur
未成年	みせいねん	mineur
一人暮らし	ひとりぐらし	le fait de vivre seul(e)
批判[する]	ひはん[する]	critiquer
横になる	よこになる	s'allonger
宝石	ほうせき	pierre précieuse
言い当てる	いいあてる	deviner correctement
言い終わる	いいおわる	finir de s'exprimer
申請[する]	しんせい[する]	demander
ボトム・アップ方式	ボトム・アップほうしき	approche ascendante
方式	ほうしき	approche, méthode
ついでに		par la même occasion
保つ	たもつ	maintenir
周囲	しゅうい	entourage
抱きしめる	だきしめる	serrer dans ses bras
代わる	かわる	remplacer
燃料	ねんりょう	combustible
支援者	しえんしゃ	partisan
声援[する]	せいえん[する]	crier d'encouragement
先立つ	さきだつ	précéder, nécessaire dans un premier temps
両家	りょうけ	les deux familles
親族	しんぞく	parents
起業[する]	きぎょう[する]	monter une entreprise
食生活	しょくせいかつ	vie alimentaire
成人病	せいじんびょう	maladies liées au mode de vie
治療[する]	ちりょう[する]	soigner, traiter
統廃合	とうはいごう	regroupement suite à la fermeture
都市整備	としせいび	aménagement urbain

急ピッチ	きゅうピッチ	à toute allure
実話	じつわ	vraie histoire
さんざん		terrible
賃貸	ちんたい	location
免除[する]	めんじょ[する]	exonérer
暗算[する]	あんざん[する]	faire un calcul mental
スピード		vitesse
反する	はんする	être contraire
マニフェスト		manifeste
掲げる	かかげる	déclarer
堅苦しい	かたくるしい	relatif aux formalités
ざっくばらん[な]		franc
ワサビ		wasabi (sorte de raifort vert)
車種	しゃしゅ	modèle de véhicule
問う	とう	mettre en question
高額	こうがく	grosse somme
買い取り	かいとり	achat
停滞[する]	ていたい[する]	stagner
中心	ちゅうしん	centre, noyau
理系	りけい	(filière) scientifique
学部	がくぶ	faculté
墓地	ぼち	cimetière
めぐる		à propose de
長男	ちょうなん	fils aîné
次男	じなん	deuxième fils, cadet
法廷	ほうてい	tribunal
争う	あらそう	se disputer
何事	なにごと	tout
真心	まごころ	sincérité
合計	ごうけい	total
ぺらぺら		couramment
万能	ばんのう	tout-puissant
必修科目	ひっしゅうかもく	matière obligatoire
必修	ひっしゅう	obligatoire

単位	たんい	unité de valeur, crédit
チヂミ		un des plats coréens (sorte de crêpe)
戦前	せんぜん	avant-guerre
公表[する]	こうひょう[する]	annoncer
夕食	ゆうしょく	dîner
次回	じかい	prochaine fois
校外学習	こうがいがくしゅう	sortie scolaire
定休日	ていきゅうび	jour de fermeture
集い	つどい	réunion
気	き	tempérament
まね		imitation, copie
コーヒー豆	コーヒーまめ	grain de café
豆	まめ	grain
傷だらけ	きずだらけ	être complètement abîmé
案	あん	projet
熱っぽい	ねつっぽい	fiévreux
放送局	ほうそうきょく	station de télévision/de radio
わが社	わがしゃ	notre entreprise
金持ち	かねもち	riche
漫才	まんざい	sketch humoristique joué en duo
コンビ		duo
解ける	とける	capable de résoudre un problème
一応	いちおう	en tout cas
渇く	かわく	avoir soif
祈る	いのる	prier
立地[〜条件]	りっち[〜じょうけん]	condition de localisation
週休	しゅうきゅう	congé hebdomadaire
〜制	〜せい	système de 〜
国家	こっか	nation, État
劣る	おとる	être inférieur
迷路	めいろ	labyrinthe
一面	いちめん	partout
見張る	みはる	ouvrir de grands yeux
ライフスタイル		style de vie

身勝手[な]	みがって[な]	égoïste
勝手[な]	かって[な]	égoïste
定期的[な]	ていきてき[な]	régulier
肥料	ひりょう	engrais
顔色	かおいろ	mine
食べかけ	たべかけ	nourriture entamée
氷	こおり	glace
やりぬく		accomplir jusqu'au bout
政治犯	せいじはん	criminel politique
逮捕[する]	たいほ[する]	arrêter
強いる	しいる	forcer
見事[に]	みごと[に]	remarquablement

Deuxième partie
Explications grammaticales

Leçon 13

> 読む・書く

1. 来日したての頃、いつもリュックに辞書を詰めて、池袋の街を歩きながら、看板を解読していた。

「〜たて」est utilisé pour indiquer que ce qui est décrit s'est produit juste après un événement 「〜」 et revêt un caractère « frais, immature ».

① 田中さんはまだ入社したてですから、この会社のことがよく分かりません。

　　Comme M. Tanaka vient juste d'arriver dans cette entreprise, il ne la connaît encore pas bien.

② 結婚したての頃、夫はどんな料理でも「おいしい」と言って食べてくれた。

　　Juste après que nous nous étions mariés, mon mari mangeait tous les plats que je cuisinais en disant que c'est délicieux.

③ しぼりたての牛乳はおいしい。

　　Le lait de vache qui vient d'être trait est bon.

2. たとえ「月極」と書いてあっても、ぼくの内なる声は読み違えたりしない。

「たとえ〜ても」 indique que si une hypothèse considérée comme extrême a lieu, alors la conséquence décrite après sera vraie. Cette construction inclut la nuance suivante :「どんな場合であっても〜」en impliquant que la même conséquence sera introduite dans tous les cas extrêmes.

① たとえ今回の実験に失敗しても、またチャレンジするつもりだ。

　　Même si j'échoue l'expérience cette fois-ci, j'ai l'intention de la retenter.

② たとえ大きな地震が起きても、壊れない丈夫な家が欲しい。

　　Je veux une maison solide qui ne se détruira pas même si un grand tremblement de terre survenait.

③ たとえ値段が高くても、質が良ければ売れるはずだ。

　　Même si le prix est élevé, il devrait se vendre si la qualité est bonne.

En cas de combinaison avec un な -adjectif ou avec un nom, la construction prend la forme 「たとえ〜でも」.

④ たとえ貧乏でも、家族が健康で一緒にいられれば幸せだ。

　　Même si nous sommes pauvres, nous sommes heureux si toute la famille est en bonne santé et que nous pouvons être tous ensemble.

3. たとえ「月極」と書いてあっても、ぼくの内なる声は読み違え**たりしない**。

「〜たりしない」indique qu'une action considérée comme extrême ne sera pas réalisée. Normalement, le schéma「普通は〜する」est attendu, mais la combinaison inattendue avec la forme négative「〜しない」implique que rien d'analogique à「〜」ne sera exécutée.

① あの社長は一度やると決めたら、何があってもやめたりしない。

Une fois que le président (PDG) a décidé ce qu'il fera, il n'y renoncera pas quoi qu'il arrive.

② お母さん、怒らない？

…試験の点数なんかで怒ったりしませんよ。

Maman, tu ne te fâcheras pas ?

…Evidemment, je ne me fâcherai pas à cause des notes d'examen.

4. のみこむのに苦労した日本語は、佃煮にする**ほど**あった。

V forme dictionnaire
N
い A
な A
 + ほど

「〜ほど…」indique un degré démesuré de「…」, de manière métaphorique, en présentant un exemple extrême「〜」. Par exemple, ① amplifie le degré de「このカレーは辛い」, de manière métaphorique, en montrant un exemple extrême「涙が出る」.

① このカレーは涙が出るほど辛い。

Ce curry est épicé à tel point que mes yeux en pleurent.

② 昨夜はシャワーを浴びずに寝てしまうほど疲れていた。

Hier soir, j'étais fatiguée au point de me coucher sans prendre ma douche.

③ 今年は暖かかったので捨てるほどミカンがとれた。

Comme il a fait chaud cette année, nous avons récolté tellement de mandarines que l'on en a jetées.

Cette expression peut être associée à la ない -forme.

④ 入学試験の結果がなかなか届かない。夜眠れないほど心配だ。

Le résultat du concours d'entrée n'est toujours pas arrivé. Je suis tellement inquiet que je ne peux pas dormir la nuit.

Cette expression peut être également associée à い -adjectif・な -adjectif.

⑤ 妻は若い頃、まぶしいほどきれいだった。

Quand ma femme était jeune, elle était belle au point de m'éblouir.

⑥ 彼は異常なほどきれい好きだ。

Il est maniaque de propreté au point d'être anormal.

À l'oral, cette expression peut devenir 「くらい」, donnant un ton plus familier.

⑦　あの先生に教えてもらうと、不思議な {ほど／くらい} よく分かる。
　　Lorsque ce professeur m'apprend, je comprends merveilleusement bien.

話す・聞く

5. いずみさんの結婚式でスピーチをした**んだって**？

「…んだって？」est une expression combinée de 「…んだ（＝のだ）」 et de 「…って（＝そうだ）」 (ouï-dire), utilisée dans le langage parlé familier.

①　大学院の試験に合格したんだって？　おめでとう。
　　Il paraît que tu as été admis au concours d'entrée de l'école doctorale (master, doctorat) ? Félicitations.

②　山田さん、会社を辞めるんだって？
　　…ええ。辞めて何をするんでしょう。
　　M. Yamada va quitter l'entreprise, paraît-il ?
　　…Oui, je me demande ce qu'il va faire après.

6. 大阪に住んで**ながら**、まだお好み焼きを食べたことがないんです。

```
V ます-forme －ます  ⎫
N／なA              ⎬ ＋ ながら
いA                 ⎭
```

「XながらY」indique qu'il existe une relation adversative « X mais Y », contrairement à la prévision ou à l'attente de 「XならばY普通はYない」. X peut être un verbe d'action à la forme V-ている, ou un verbe d'état, ou bien peut avoir la ない-forme.

①　あの人は、医者でありながら、健康に悪そうなものばかり食べている。
　　Bien qu'il soit médecin, il ne mange que des choses qui ont l'air mauvais pour la santé.

②　先生は、事件のことを知っていながら、何も言わなかった。
　　Bien que le professeur soit au courant de l'incident, il n'a rien dit.

③　甘いものはいけないと思いながら、目の前にあると食べてしまうんです。
　　Même si je sais que les sucreries ne sont pas bonnes pour moi, je ne peux pas m'empêcher d'en manger quand il y en a devant moi.

「ながらも」est utilisé pour insister sur le fait que la combinaison mentionnée est normalement impossible.

④　彼は日本語がほとんど話せないながらも、身ぶりで言いたいことを伝えようとしていた。
　　Bien qu'il fût presque incapable de parler en japonais, il essayait de communiquer ce qu'il voulait dire par des gestes.

7. つまり、歌って暮らせばいいことがいっぱいあるってことです。

つまり、 {V / いA / なA / N [－だ]} forme neutre + という／ってことだ

「つまり」indique qu'une explication est résumée pour faciliter la compréhension et est utilisé avec l'expression de fin de phrase「…ということだ」.

① この大学の学生は約1万人で、うち留学生は約1,000人である。つまり、1割は留学生ということだ。

Il y a dix mille étudiants dans cette université, parmi lesquels mille sont des étudiants étrangers. Autrement dit, 10 % sont des étudiants étrangers.

② 休暇は1年に12日あります。つまり、1か月に1日は休めるということです。

Il y a 12 jours de congé par an. Cela veut dire que l'on peut prendre un jour de congé par mois.

③ 僕の父と太郎のお父さんは兄弟だ。つまり、僕と太郎はいとこ同士ってことだ。

Mon père et le père de Taro sont frères. Cela veut dire que Taro et moi sommes cousins.

Cette construction peut être utilisée pour compléter une explication avec un autre mot ou une autre phrase.

④ あの人は私の大叔父、つまり祖父の弟だ。

Il est mon grand oncle, c'est-à-dire qu'il est le frère de mon grand-père.

⑤ この会社は社長の息子が次の社長になることになっている。つまり、私たち社員は頑張っても社長になれないということだ。

Dans cette entreprise, il est décidé que le fils du président deviendra le prochain président. Cela signifie que nous, les employés, ne pourrons pas devenir président même si nous faisons beaucoup efforts.

「のだ」est également utilisé dans la partie qui suit「つまり」. Dans ce cas-là,「のだ」est utilisé pour la reformulation.

⑥ このサイトは、会員以外のお客様にはご覧いただけないことになっている。つまり、会員限定のサイトなのだ。

Ce site ne pourra pas être consulté par ceux qui ne sont pas membres. En d'autres termes, il s'agit d'un site réservé aux membres.

8. 「辛党」は「甘党」の反対だと思ってたの**よね**。

V
いA
なA   } forme neutre / forme polie + **よね**。
N

「…よね」s'emploie lorsque le locuteur cherche à obtenir l'empathie de l'auditeur, en confirmant de nouveau que le locuteur et l'auditeur partagent la même compréhension.

① 冬の寒い朝ってなかなかベッドから出られないよね。…うん。
　　C'est difficile de sortir du lit le matin quand il fait froid en hiver, non ? …Oui.

② パーティーは楽しいけど、帰るときが寂しいんですよね。…そうですよね。
　　La soirée est amusante, mais on est triste quand on part, n'est-ce pas ? …C'est vrai.

③ ポテトチップスって食べ始めると、なかなかやめられないんだよね。…本当に。
　　Tu sais, les chips, une fois commencé, on ne peut plus arrêter, non ? …Vraiment.

Leçon 14

読む・書く

1. テレビアニメの魅力を考える際、マンガの存在を無視して語ることはできない。

「〜際」a presque la même signification que「〜とき」, mais est essentiellement utilisé dans le langage écrit.
① 外出の際、必ずフロントに鍵をお預けください。
   Lorsque vous sortez de l'hôtel, merci de vous assurer de laisser la clé à la réception.
② ＰＣをお使いの場合は、チェックインの際、必ずお申し出ください。
   Si vous utilisez votre ordinateur, prière de le déclarer sans faute au moment de prendre votre chambre à la réception de l'hôtel.

2. そのどれもが、『ドラゴンボール』**といった**ヒット作品をめざしている。

Cette expression indique que N_1 est un exemple spécifique de N_2. Elle a le même sens que「N_1 などのような N_2」et laisse entendre qu'il y a d'autres exemples que N_1.
① ５月５日には「ちまき」「かしわもち」といった昔からの菓子を食べる習慣がある。
   Le 5 mai, la coutume est de manger des gâteaux traditionnels tels que « chimaki » et « kashiwamochi ».
② この大学にはルーマニア、ポーランドといった東ヨーロッパからの留学生が多い。
   Dans cette université, il y a beaucoup d'étudiants étrangers venant de pays d'Europe de l'Est tels que la Roumanie et la Pologne.

3. １秒にも満たない動作の間に主人公の頭に浮かんだ光景が10分間**に（も）わたって**描かれる。

「〜に（も）わたって」est utilisé pour indiquer que le locuteur ressent qu'une étendue temporelle est longue ou qu'une étendue spatiale est grande.
① 手術は３時間にわたって行われた。
   L'opération a duré 3 heures.
② 砂漠は東西450キロにわたって広がっている。
   Le désert s'étend sur 450 kilomètres d'est en ouest.

On peut utiliser dans le prédicat des verbes pouvant indiquer plusieurs évènements se produisant en même temps, un état ou une continuité dans une étendue mentionnée.
③ 東京から大阪にわたる広い地域で地震があった。
   Il y a eu des tremblements de terre dans une aire s'étendant de Tokyo à Osaka.

④ パンフレットには投資の方法について詳細にわたって説明されている。
　　Dans la brochure, il y a une explication détaillée sur les méthodes d'investissement.
Étant donné que「〜から〜にわたって」indique approximativement une étendue de lieu, sa nuance est différente de「〜から〜まで」qui indique une étendue précise.
⑤ 駅前から商店街にわたって水道工事中だ。
　　Il y a des travaux d'adduction d'eau, depuis le devant de la gare jusqu'au quartier commercial.

4. 年月を経る**うちに**、今やアニメはなくてはならない娯楽となっている。

V forme dictionnaire／ている　＋　うちに

「〜うちに…」indique que l'action「〜」est amenée naturellement à「…」qui se trouve après, soit par「繰り返し〜すること (répétition)」, soit par「ずっと〜すること (continuation)」.「〜」prend les expressions exprimant la répétition ou la continuation telles que「ている」ou「続ける」.

① ３年間ずっとアルバイトとして働くうちに、仕事を認められて社員になることができた。
　　En travaillant comme employé à temps-partiel pendant 3 ans sans interruption, mon travail a été reconnu et j'ai pu devenir employé à plein-temps.

「…」prend non seulement les expressions indiquant l'apparition d'un changement ou d'un évènement telles que「になる」et「てくる」, mais peut être aussi「てしまう」.

② 10年にわたり観察しているうちに、パンダの特徴がよく分かってきた。
　　En observant les pandas pendant 10 ans, j'ai commencé à bien comprendre leurs caractéristiques.
③ この時計は、使っているうちに、自然に動かなくなってしまった。
　　Cette montre s'est arrêté toute seule pendant son utilisation.

5. 子どもたち**にとって**生まれたときから存在しているアニメは、今やなくてはならない娯楽となっている。

N　＋　にとって…

La construction「〜にとってXはYだ」est utilisée pour indiquer que, « du point de vue de「〜」», il est possible d'affirmer que X est Y. Par exemple, ① indique que la caractéristique「十分な睡眠は欠かせないものだ」est attribuée à「赤ちゃん」.「〜」est une personne ou un organisme, entre autres, jugeant la caractéristique, et cette construction est utilisée dans une phrase adjectivale ou nominale exprimant le jugement, la reconnaissance ou la sensation...

① 赤ちゃんにとって十分な睡眠は欠かせないものだ。

　　Avoir suffisamment de sommeil est indispensable pour les bébés.

② ビールが嫌いな私にとって、それはただの苦い飲み物だ。

　　Pour moi qui n'aime pas la bière, ce n'est qu'une boisson amère.

③ 植物にとって光と水は重要なものだ。

　　La lumière et l'eau sont des éléments importants pour les plantes.

6. 海外で日本のテレビアニメが受けるわけ**とは**何だろうか。

N ＋ とは

「〜とは」s'emploie pour définir et reformuler, en expliquant la caractéristique ou la particularité de la chose que le locuteur suppose qu'auditeur ne connaît pas.

① 「デジカメ」とはデジタルカメラのことです。

　　« Dejikame » veut dire appareil photo numérique.

② 「負けるが勝ち」とは、相手を勝たせるほうが、結局は自分が得をすることがあるということだ。

　　La phrase « Makeru ga kachi » signifie qu'en laissant gagner son adversaire, il arrive qu'on finit par en tirer profit.

Dans le langage parlé, 「〜というのは」 devient 「〜って」.

③ 「デジカメ」{って／というのは} デジタルカメラのことだよ。

　　« Dejikame » veut dire appareil photo numérique, tu sais.

Même si l'auditeur connait la définition, lorsque le locuteur veut insister sur une autre interprétation, 「とは」est utilisé.

④ 彼女にとって家族とはいったい何か。

　　Quelle est la signification de la famille pour elle ?

7. 日本**において**マンガでヒットするということは、ブラジルにおいてプロサッカー選手になるがごとくである。

N ＋ において

「〜において…」est la forme soutenue de 「で」, indiquant le moment ou le lieu où l'événement se produit.

① 地域社会において今どのような問題があるかをさまざまな立場から分析した。

　　J'ai analysé de divers points de vue les problèmes existant actuellement dans la communauté locale.

② 江戸時代においてもっとも力を持っていたのは誰だろうか。

　　Je me demande qui avait le plus de pouvoir à l'époque d'Edo.

En cas de détermination d'un nom, cette expression prend les formes 「における」 ou 「においての」.

③ この本には現代医学の発展におけるアメリカの役割について書いてある。

Dans ce livre, il est expliqué le rôle de l'Amérique dans le développement de la médecine contemporaine.

④ 商品の価格は市場においての需給を反映する。

Le prix d'une marchandise reflète son offre et sa demande sur le marché.

Dans le langage parlé poli, l'expression prend la forme 「におきまして」.

⑤ さきほどの奨学金の説明におきまして一部誤りがありました。おわび申し上げます。

Il s'est avéré que l'explication sur la bourse d'études que nous avons donnée tout à l'heure était partiellement erronée. Nous vous prions de bien vouloir nous excuser.

8. テレビアニメのおもしろさは保証つきというわけである。

```
V  ⎫
いA ⎬ forme neutre      ⎫
なA ⎬ forme neutre       ⎬ + わけだ ／ わけである
N  ⎭ －だ → な          ⎭
N + という
```

「…わけだ」indique le résultat「…」inféré d'un fait déjà apparu dans un contexte antérieur. Par exemple, dans ①, il est indiqué que l'inférence basée sur l'information「価格は前と同じだが、20グラム少なくなっている」a amené à la conclusion「実質、値上げをした」.

① このチーズは、価格は前と同じだが、20グラム少なくなっている。値上げをしたわけだ。

Le prix de ce fromage est le même qu'avant mais son poids a diminué de 20 grammes. Cela veut dire qu'il y a eu une augmentation effective du prix.

② 江戸時代は1603年に始まり、1867年に終わった。260年余り続いたわけである。

L'époque d'Edo a commencé en 1603 et a terminé en 1867. Elle a donc duré plus de 260 ans.

Un autre usage de cette forme consiste à indiquer, lorsque le résultat「…」est déjà connu, qu'une autre situation est mentionnée comme la raison ou l'arrière-plan de celui-ci. Par exemple, dans ③, cette expression montre que B connaissait déjà le fait「外国人の観光客が少ない」et qu'il prend l'information venant d'A「インフルエンザの流行で各国の人々が渡航を控えているらしい」comme raison de ce fait. Cette construction peut être connectée également à un い-adjectif, un な-adjectif ou un « N + な ».

③ A:「インフルエンザの流行で各国の人々が渡航を控えているらしいよ。」
　　B:「外国人の観光客が少ないわけだね。」
　　A: Il paraît que les gens des pays du monde entier s'abstiennent de voyager à cause de l'épidémie de grippe.
　　B: Je vois. Cela explique pourquoi il n'y a pas beaucoup de touristes étrangers.

④ 小川さんは毎日のように、ヨガ、ジャズダンス、マッサージ、スポーツジムに通っている。元気なわけだ。

　　Mlle Ogawa va presque tous les jours aux cours de yoga et de danse jazz, aux séances de massage et à la salle de gym. Cela explique pourquoi elle est en forme.

Lorsqu'un nom est utilisé, l'expression prend la forme「N＋というわけだ」.

⑤ 山下さんは65歳で退職してから、散歩とテレビの生活を送っている。毎日が日曜日というわけだ。

　　M. Yamashita passe ses journées à se promener et à regarder la télévision après avoir pris sa retraite à 65 ans. Autrement dit, tous les jours sont des dimanches pour lui.

9.

マンガが作り上げたノウハウがアニメに影響を与え、見ている者を夢中にさせ、続きも見たいという気持ちを起こさせる**のではないだろうか**。

```
V
いA      } forme neutre
なA      } forme neutre     + のではないだろうか
N        } ーだ → な
```

L'expression「…のではないだろうか」est utilisée pour indiquer le point de vue du locuteur「…」, que celui-ci pense probablement vrai sans toutefois l'affirmer.

① 道路を広げる計画には反対意見が多い。実現は難しいのではないだろうか。

　　Il y a beaucoup d'oppositions face au projet d'élargissement de la route. Je pense que sa réalisation sera difficile.

② 日本経済の回復には少し時間がかかるのではないだろうか。

　　Je crois bien que la reprise de l'économie japonaise prendra un peu plus de temps.

③ 情報が少なすぎて不安だ。もう少し情報がもらえたら、住民も安心できるのではないだろうか。

　　Le manque d'information inquiète des gens. Les habitants seront sans doute rassurés s'ils reçoivent plus d'information.

話す・聞く

10. 『銀河鉄道999』って、どんな話だった**っけ**？

「…っけ」indique le fait que le locuteur a oublié si「…」est vrai ou non et qu'il vérifie si sa mémoire est bonne auprès de son auditeur. Cette construction implique que le locuteur vérifie lorsqu'il n'est pas certain d'un fait passé ou d'une chose qu'il devrait connaître. C'est une expression propre à l'oral.

① 今日は何曜日だったっけ？
   Quel jour sommes-nous aujourd'hui déjà ?
② 荷物はいつ届くんだったっけ？
   C'était quand la livraison du colis, déjà ?
③ あれ？田中さん、メガネかけてたっけ？
   Tiens, M. Tanaka portait des lunettes ?

11. クレアは鉄郎の温かい手に触れて、「血の通った体になりたい」って悲し**げ**に言うんだ。

「〜げ」indique le fait d'« avoir l'air「〜」» ou « pouvoir ressentir un peu comme「〜」». Cela exprime que la situation est proche de celle exprimée par「〜」, même si elle n'est pas complètement「〜」.

① 主人が出かけるとき、うちの犬の表情はいつも悲しげだ。
   Mon chien a toujours l'air triste lorsque mon mari part.
② 母親は、息子が甲子園野球大会に出ることになったと得意げに話していた。
   La mère disait, avec un air fier, que son fils avait été sélectionné pour participer au tournoi de baseball de Koshien.
③ 地震の影響で工場を閉じることになったと説明する社長は悔しげだった。
   Le président avait l'air dépité en expliquant qu'il a été amené à fermer son usine suite au tremblement de terre.

Leçon 15

読む・書く

1. アリをよく観察すると、働いているアリを横目にただ動き回っているだけのアリたちがいる**という**。

「Xという」s'emploie pour indiquer l'ouï-dire (transmettre ce que dit quelqu'un d'autre). On l'utilise dans le langage écrit.

① 日本で最も古い大学が京都にあるという。

On dit que la plus ancienne université au Japon se trouve à Kyoto.

② LED電球は省エネ性能や寿命の長さで優れている。普通の電球の8分の1から5分の1の電気代で済み、寿命は40倍あるという。

L'ampoule à LED est supérieure du point de vue de l'économie d'énergie et de la durée de vie. Il est dit que son coût en électricité est de 1/8 à 1/5 d'une ampoule ordinaire et que sa durée de vie est 40 fois supérieure.

2. スタープレイヤーを集めたチームがまったく優勝にからめなかったりする**たびに**、この法則はかなり当たっているのではないかという気がしてくる。

「～たびに」a la même signification que「～と、いつもそのときには」.

① 隣のうちのお嬢さんは会うたびにきれいになっている。

La fille de mon voisin s'embellit à chaque fois que je la vois.

② 欧米では転職するたびに給料が上がるというが、日本では必ずしもそうではない。

On dit qu'en Occident, le salaire augmente à chaque changement de travail, mais au Japon, ce n'est pas toujours le cas.

Lorsque cette expression est attachée à un nom, elle prend la forme「～のたびに」.

③ 大切な連絡を待っていたので、休み時間のたびにメールをチェックした。

Comme j'attendais un message important, je vérifiais mes mails à chaque pause.

3. 働きアリ**に関する**有名な研究がある。

N ＋ に関する／関して／関しての

「～に関して」indique le contenu de「～」.

① 今回の講演会に関してご意見のある方はこの紙に書いて出口の箱にお入れください。

Les personnes désireuses d'exprimer un commentaire sur cette conférence sont priées d'écrire leurs opinions sur cette feuille et de la déposer dans la boîte qui se trouve à la sortie.

② このレポートでは、日本経済の現状に関して説明する。

    Dans ce rapport, on donne une explication sur la situation actuelle de l'économie japonaise.

La signification de「〜に関して」est plus ou moins la même que「〜について」, mais son utilisation se fait plus à l'écrit que「〜について」.

③ ねえ、田中さん。弟がコンピューターが安い店 {○について／×に関して} 聞きたいって言ってるんだけど、教えてあげてくれない？（langage parlé）

    Dis, M.Tanaka, mon petit frère veut te demander des renseignements sur les magasins d'ordinateurs pas chers, pourrais-tu le renseigner ?

En cas de détermination du nom, elle prend la forme「〜に関する」ou「〜に関しての」.

④ 東京で環境問題に関する会議が開かれた。

    Un congrès portant sur les questions environnementales a eu lieu à Tokyo.

---

4. 彼らは、一見忙しそうに動いているのだが、えさを担いでいる**わけではない**らしい。

```
V
いA    } forme neutre
なA    } forme neutre    } + わけではない
N      } ―だ→な
N + という
```

「…わけではない」s'emploie pour nier la conclusion「…」qui est inférée, généralement ou simplement, par le contexte ou la situation concernée.

① この店は人気があるが、必ずしも毎日大勢の客が入るわけではない。

    Ce magasin est populaire, mais cela ne signifie pas forcément qu'il y a beaucoup de clients tous les jours.

② 宿題はたくさんあるが、今日中に全部しなければならないわけではない。

    J'ai beaucoup de devoirs, mais cela ne veut pas dire qu'il faut tout faire aujourd'hui.

③ 彼はベジタリアンだが、卵まで食べないわけではないらしい。

    Il est végétarien, mais apparemment cela ne veut pas dire qu'il ne mange pas d'œufs.

④ この店の商品はどれも安いが、品質が悪いわけではないだろう。安くても良い品もある。

    Les marchandises de ce magasin sont tous peu chers, mais cela ne veut peut-être pas dire que la qualité est mauvaise. Il y a de bons produits à bas coût.

Cette construction s'emploie souvent avec les adverbes signifiant « tout » tels que「みんな」,「いつも」,「必ずしも」,「全く」.

⑤ 日本人がみんな親切なわけではありません。

    On ne peut pas dire que tous les Japonais soient gentils.

⑥ 姉は会社員だけど、土日がいつも休みなわけじゃないみたいだよ。

Ma grande sœur est salariée d'une entreprise, mais il me semble qu'elle n'a pas tous les weekends de libre.

⑦ この病気に関する研究は少ないが、全くないわけではない。

Il y a peu de recherche sur cette maladie, mais cela ne signifie pas qu'il y en a aucune.

「…わけではない」peut exprimer l'impossibilité d'affirmer ni「…」ni「…ではない」.

⑧ 行きたくないわけじゃないが、行きたいわけでもない。

Ce n'est pas que je ne veux pas y aller, mais cela ne veut pas dire que je veux y aller.

5. 組織には偉大なる脇役たちがいないと、組織は徐々に疲弊していく**のではないか**。

V / いA } forme neutre
なA } forme neutre
N } ーだ→な
+ のではないか

「…のではないか」indique la prévision selon laquelle「…」est probablement juste mais sa véridicité est incertaine.

① 鈴木氏は今度の選挙に出るのではないか。

Il est très probable que M. Suzuki se présentera aux prochaines élections.

Accompagnée d'expressions telles que「と思う」、「と思われる」et「とのことだ」, cette construction permet d'exprimer la pensée du locuteur de manière atténuée.

② 新聞によると、今度の選挙に鈴木氏が出るのではないかとのことだ。

Selon le journal, M. Suzuki se présenterait aux prochaines élections.

③ 留学している息子から何の連絡もない。何かあったのではないか。

N'ayant aucunes nouvelles de mon fils qui étudie à l'étranger, je me demande s'il lui est arrivé quelque chose.

④ さまざまな意見が出て会議が混乱しているので、調整が必要なのではないかと思う。

Comme la réunion est perturbée par les diverses opinions présentées, je pense qu'un ajustement serait nécessaire.

6. 組織には偉大なる脇役たちがいないと、組織は徐々に疲弊していくのではないか、というのが私の観察なのである。

```
V        ⎫
いA       ⎬  forme neutre  ⎫
なA       ⎬  forme neutre  ⎬ + のだ
N        ⎭  －だ → な     ⎭
```

「…のだ」est utilisé pour reformuler le contenu d'une phrase précédente.

① 彼はまだお酒が飲めない年齢だ。未成年なのだ。

Il n'a pas l'âge pour boire de l'alcool : il est mineur.

② 父は私が3歳のときに亡くなりました。母が一人で私を育ててくれたのです。

Mon père est décédé quand j'avais trois ans. Ma mère m'a élevé toute seule.

Dans le langage parlé, cela devient 「んです」.

③ 来週は田中さんが当番だったんですけど、私が来ます。代わりにさ来週は田中さんが来ます。

…分かりました。山本さんと田中さんが交代するんですね。

La semaine prochaine, il était prévu que M. Tanaka soit de service, mais je viendrai. En échange, M. Tanaka viendra dans deux semaines.

…D'accord. Donc, vous (M. Yamamoto) et M. Tanaka allez échanger.

En combinaison avec des expressions telles que 「つまり」、「私が言いたいのは」、「一言でいえば」et「言い換えれば」、「のだ」sert à reformuler,

④ 15人の受験生のうち13人が不合格だった。つまり、2人しか合格しなかったのである。

Parmi les quinze candidats à l'examen, treize personnes étaient recalés. Autrement dit, seulement deux personnes étaient admises.

⑤ 鈴木さんはピアニストで、奥さんは歌手だ。2人の子どももそれぞれ楽器を習っている。一言でいえば、鈴木家は音楽一家なのだ。

M. Suzuki est pianiste et sa femme est chanteuse. Leurs deux enfants apprennent chacun un instrument de musique. En un mot, les Suzuki sont une famille de musiciens.

⑥ この商品は国内では販売されていない。言い換えれば、海外でしか買えないのです。

Cette marchandise n'est pas vendue dans ce pays. Autrement dit, on ne peut l'acheter qu'à l'étranger.

話す・聞く

7. 老舗といえる**ほどのものじゃありません**。

「…ほどの {もの／こと} じゃない」indique qu'il s'agit de quelque chose qui n'atteint pas le degré「…」. Dans le langage parlé, cela peut devenir「…ほどのもんじゃない」.

① 確かに優勝はしましたが、国民栄誉賞をいただくほどのもの（こと）じゃありません。

Certes j'ai remporté la victoire, mais cela ne mérite pas jusqu'à recevoir le prix d'honneur national.

② 狭い庭なんですよ。庭といえるほどのものじゃありません。

C'est un tout petit jardin. C'est tellement petit que je n'ose pas appeler cela un jardin.

Lorsque cette expression est attachée à un nom ou un radical de な-adjectif, il faut ajouter 「～という」ou「～って」.

③ 朝食は食べましたか。

…朝食というほどのものじゃないですけど、バナナを食べました。

Avez-vous pris le petit-déjeuner ?

…On ne peut pas dire que j'ai vraiment pris un petit-déjeuner, mais j'ai mangé une banane.

④ うちの犬の写真を見てください。ハンサムってほどのもんじゃありませんが、なかなかいい顔をしてるでしょう？

Voilà, regardez cette photo de notre chien. Il n'est peut-être pas beau proprement dit, mais il a un beau visage, vous ne trouvez pas ?

8. 伝統的なもの**だけじゃなく**、モダンなデザインの製品も製造しています。

「XだけでなくY」est utilisé pour indiquer le fait d'ajouter Y à X.

① この店はパンを売るだけじゃなく、パンの作り方教室も開いている。

Ce magasin non seulement vend du pain, mais il organise des cours de fabrication de pain.

「も」ou「まで」est attaché à Y (celui auquel quelque chose est ajouté).

② ボランティア活動は相手のためだけでなく、自分のためにもなることが分かった。

J'ai compris que les activités bénévoles servent non seulement à celui dont l'action est destinée, mais aussi à soi-même.

③ 社内で結核の患者が出たので、本人だけでなく、周りの人まで検査を受けなければならない。

Comme il y a eu un cas de tuberculose au sein de l'entreprise, non seulement la personne malade mais aussi son entourage doivent subir un examen.

9. 太鼓**といえば**、佐渡の「鬼太鼓」が有名ですよね。

N ＋ といえば

「N₁といえばN₂」s'emploie lorsque le locuteur indique N₁ qui est déjà apparu dans un contexte antérieur, en l'associant à N₂. Cela peut être associé avec un exemple typique comme ①, mais également avec un exemple inattendu pour l'auditeur ②.

① スイスといえば、時計やチョコレートなどが有名ですね。
En parlant de la Suisse, elle est connue pour les montres et le chocolat, n'est-ce pas ?

② 日本では牛肉・豚肉・鳥肉が一般的だが、モンゴルでは肉といえば羊の肉だそうだ。
Au Japon, le bœuf, le porc et le poulet sont des viandes courantes, mais il paraît qu'en Mongolie, lorsqu'on parle de viande, c'est forcément de la viande de mouton.

「～といえば」peut prendre la forme「～というと」ou「～といったら」.

③ 教育というと、学校の仕事だと思うかもしれないが、そうではない。
Quand on parle d'éducation, les gens pensent peut-être qu'il s'agit du travail à l'école, mais ce n'est pas le cas.

④ 日本といったら、若い人はアニメ、中年以上の人は車と言うだろう。
Si vous parlez du Japon, les jeunes mentionneront probablement les animations, alors que les personnes d'âge moyen ou plus mentionneront les voitures.

Comme N_2 est une information inconnue de l'auditeur, cette expression est utilisée avec une nuance pour inciter à écouter attentivement.

⑤ 来週ソウルに出張するんですよ。
…ソウルといえば、3年ほど前に帰国したパクさん、結婚するらしいですよ。
Je serai en mission à Séoul la semaine prochaine.
…D'ailleurs, en parlant de Séoul, il paraît que M. Pak qui est retourné dans son pays il y a à peu près trois ans va se marier.

Même si l'information est déjà connue par l'auditeur, le locuteur peut utiliser cette expression pour l'inciter à écouter attentivement de nouveau.

⑥ ストレス解消といえば、やっぱり運動ですよね。
Lorsqu'on parle de diminuer le stress, c'est bien sûr du sport qu'il faut faire, n'est-ce pas ?

Leçon 16

読む・書く

1. 会員のうち３人は既に請求**に応じて**支払いを済ませている。

(1) Répondre à「〜」(請求・要求・要望) (une réclamation, une revendication, une demande).
① 学生たちは大学に授業料についての要求をしました。１年間話し合った後，大学は要求に応じました。
  Les étudiants ont eu des revendications au sujet des frais de scolarité. Au bout d'une année de discussion, l'université a accepté leur demande.
② その会社は消費者の要望に応じて、商品の品質検査を強化した。
  Cette entreprise a renforcé le contrôle de qualité des produits, en réponse à la demande des consommateurs.
③ その企業は取引先の注文に応じて、製品の開発を進めてきた。
  Cette entreprise a procédé au développement de produits afin de répondre aux demandes de leurs clients.

(2) Dans「〜に応じて…」, lorsque「〜」est un terme exprimant le changement ou la diversité, cette construction signifie « faire quelque chose en fonction du changement ou de la diversité ».
④ 時代の変化に応じて若者の文化や考え方も変わる。
  La culture et la mentalité des jeunes changent aussi par rapport aux changements d'époques.
⑤ この店では客の１年間の買い物額に応じて景品を出している。
  Ce magasin donne un cadeau aux clients en fonction du montant d'achat annuel de chaque client.

2. 外部からの情報引き出し**によって**か、データ流失が起きたものとみられる。

Dans cet emploi,「〜によって」indique une cause. Quand il détermine un nom, cela prend la forme「〜による N」.
① 急激な円高によって経営が苦しくなり、倒産する企業もある。
  Des entreprises font faillite à cause des difficultés de gestion entraînées par la hausse rapide de yen.
② ＡＴＭのトラブルによる被害は、この銀行の利用者にとどまらない。
  Le dommage causé par le problème du distributeur de billets ne se limite pas aux utilisateurs de cette banque.

3. 外部からの情報引き出しによってか、データ流失が起きたもの**とみられる**。

「～とみる」signifie「～と考える」avec un fondement objectif, et est couramment utilisé avec la forme「～とみられる」dans les nouvelles d'actualité.

① 電力会社は12日の最大電力需要を2,460KWとみており、停電の恐れはないとしている。
La compagnie d'électricité estime la demande maximale d'électricité du 12 à 2,460 kW et qu'il n'y a pas de risque de coupure d'électricité.

② 自動車業界は東南アジアでの自動車の需要はまだまだ伸びるとみている。
Le secteur de l'automobile considère que la demande de voitures dans l'Asie du Sud-Est augmente encore.

Cette expression indique ce que croit le locuteur au même titre que「～と考えられる／～と思われる」. Par contre, la forme「～とみられている」indique la croyance des gens en général ou de plusieurs personnes, mais pas celle du locuteur.

③ 期待の新人はメジャーリーグに挑戦するとみられている。
On estime que le nouveau joueur très prometteur tentera la Ligue majeure.

4. MNK社は、データ流失は外部からの情報引き出しによって起きたもの**としている**。

「～は…としている」est utilisé pour indiquer le contenu「…」qui est déclaré officiellement par「～」.

① 政府は景気が回復するまでは消費税を上げないとしている。
Le gouvernement annonce qu'il n'augmentera pas la taxe de consommation avant la reprise économique.

② 学校側は少子化に備えてカリキュラムを見直すとしている。
La direction de l'école dit qu'elle procèdera à la révision du programme d'enseignement pour faire face à la baisse de natalité.

5. 情報管理を厳しくしていた**にもかかわらず**、今回の事態が起きたことは遺憾である。

forme neutre
なA －だ → －である
N －だ → －／－である
＋ にもかかわらず

「XにもかかわらずY」indique que Y est différent du résultat attendu X. Y peut être un bon ou un mauvais résultat, mais dans la majorité des cas, la surprise ou le mécontentement sont exprimés. C'est une expression plutôt soutenue, mais elle est utilisée aussi bien à l'écrit

qu'à l'oral.
① 本日は年末のお忙しい時期にもかかわらず、こんなに多くの方にお集まりいただきありがとうございます。

Je suis reconnaissant qu'un si grand nombre de personnes soient venues pour se réunir malgré la période chargée de la fin de l'année.

② 地震のあとに津波が来ることが予測されていたにもかかわらず、すぐに避難しなかったことが被害を大きくした。

Bien que l'arrivée du raz de marée après le tremblement de terre ait été prévue, l'évacuation tardive des lieux a amplifié le nombre de victimes.

③ この学校には十分な予算があるにもかかわらず、設備の改善にはあまり使われていない。

Malgré le fait que cette école dispose d'un budget suffisant, celui-ci n'est pas tellement utilisé pour l'amélioration des équipements.

6. MNK社は被害を受けた会員におわびの書面を送る**とともに**、会員カードの更新などの対策を早急に講ずるとしている。

V forme dictionnaire
N
} + とともに

「XとともにY」est utilisé pour indiquer que l'événement X et l'événement Y se produisent en même temps.

① 警察は、犯人を追うとともに、近所の住人に注意を呼びかけている。

En même temps que de poursuivre le criminel, la police alerte les habitants du quartier.

② 彼は大学で研究生活を続けるとともに、小説を書くことをあきらめていない。

En même temps que de mener ses recherches à l'université, il n'a pas renoncé à écrire ses romans.

③ 社名を変更するとともに、新たなホームページを立ち上げた。

En même temps que de changer le nom d'entreprise, ils ont créé le nouveau site web.

En plus de la forme dictionnaire d'un verbe, cette construction peut être aussi utilisée avec un nom exprimant un événement.

④ 社名の変更とともに制服も新しいデザインになった。

En même temps que le changement du nom d'entreprise, un nouvel uniforme fut introduit.

7. 不審に思って振込口座名を調べた**ところ**、既に口座は閉じられていた。

V た -forme ＋ ところ

La construction 「XたところY」 est utilisée pour indiquer une relation telle que « en conséquence d'avoir effectué l'action X, la situation Y est compris ». X aussi bien qu'Y est utilisé à la forme au passé. L'expression n'est pas employée pour un événement du futur. Il s'agit d'une expression soutenue, essentiellement utilisée dans le langage écrit.

① 教授に大学新聞への原稿をお願いしたところ、すぐに引き受けてくださった。
　Quand j'ai demandé au professeur sa contribution pour un article du journal de l'université, il a tout de suite accepté.

② 財布を落としたので、警察に行ったところ、ちょうど拾った人が届けに来ていた。
　Lorsque je suis allé à la police parce que j'avais perdu mon portefeuille, la personne qui l'a trouvé y était aussi pour le déposer.

③ 身分証明書が必要かどうか確かめたところ、不要だということだった。
　Lorsque j'ai vérifié si la pièce d'identité était nécessaire ou non, il s'est avéré que ce ne l'était pas.

話す・聞く

8. あんまり落ち込んでいる**から**、人身事故でも起こしたのかと思った。

La construction 「あんまり／あまりXからY」 est utilisée pour indiquer la relation suivante : « en raison du degré élevé de X, Y s'est produit ».

① 電気料金があんまり高いもんだから、調べてもらったら、やっぱり電力会社の間違いだった。
　Puisque ma facture d'électricité était exorbitante, j'ai demandé une vérification et il s'est avéré, comme j'en doutais, que c'était une erreur de la compagnie d'électricité.

② 電話をかけてきた相手の言葉遣いがあんまり失礼だったから、思わず切ってしまった。
　Parce que la personne qui m'a appelé me parlait de manière trop impolie, j'ai raccroché instinctivement.

9. 危うく事故を起こす**ところだった**。

V forme dictionnaire
ない -forme　−ない　＋ ところだった

「…ところだった」 indique le contrefactuel (en réalité, 「…」 n'a pas eu lieu). 「…」 est, en général, un événement non souhaitable. La construction 「Xたら／ば、Yところだった」 peut être utilisée pour indiquer la relation « Si X s'était produit, Y aurait eu lieu (mais en réalité, X ne s'est pas produit, par conséquent Y n'a pas eu lieu) ». Elle peut être accompagnée d'expressions telles que「危うく」ou「もう少しで」.

① たばこの火がカーテンに燃え移っていた。気づくのが遅れたら、火事になるところだった。

Le feu de la cigarette s'est propagé sur le rideau. Si je ne l'avais pas remarqué tout de suite, il y aurait eu un incendie.

② 明日は漢字のテストだよ。

…あっ、そうだったね。忘れるところだった。ありがとう。

Demain, il y a l'examen, tu sais ?

...Ah oui, c'était bien ça. J'ai failli l'oublier. Merci.

③ こんなところに薬を置いたのは誰？　もう少しで赤ちゃんが口に入れるところだったよ。

Qui a posé le médicament ici ? Le bébé était sur le point de le mettre à la bouche !

10. お金のないときに限って、お金が必要になるんだよなあ。

N　+　に限って

La construction「Xに限ってY」est utilisée pour indiquer « particulièrement en cas de X, Y se produit ». Dans ① et ②, le locuteur exprime, avec un sentiment de mécontentement, que le résultat Y se produit contrairement à l'attente liée à X.

① デートの約束をしている日に限って、残業を頼まれる。

C'est comme par hasard le jour où j'ai un rendez-vous qu'on me demande de faire des heures supplémentaires.

② 子どもって親が忙しいときに限って熱を出したりするんですよね。

C'est comme si les enfants ont de la fièvre particulièrement lorsque les parents sont occupés, n'est-ce pas ?

D'autre part, comme ③, cette expression peut être utilisée sous la forme「Xに限ってYない」pour affirmer qu'un résultat indésirable Y ne peut se produire en raison de l'attente ou de la confiance à l'égard de X.

③ うちの子に限ってそんなことをするはずがない。

Mon enfant ne ferait jamais de telles choses.

Leçon 17

読む・書く

1. 古代ローマで使われていた暦は1年が304日、10か月**からなっている**。

La construction 「XはYからなる／なっている」indique qu'Y est une composante de X.
① 日本は47の都道府県からなっている。
　Le Japon se compose de 47 préfectures.
② 10人の科学者からなる研究グループによって、調査が行われた。
　L'enquête a été menée par un groupe de recherche composé de 10 scientifiques.

2. 太陽暦に切り替えられた大きな理由**としては**、次のようなことが挙げられる。

L'expression「～としては」indique que「～」s'applique à ce qui est mentionné après.
① 北海道のお土産としては、クッキーやチョコレートなどが有名である。
　Comme souvenirs célèbres d'Hokkaido, il y a, entre autres, les biscuits et les chocolats.
② マンガのテーマとしては、「恋愛」や「冒険」などが好まれる。
　Comme thèmes favoris de manga, il y a par exemple l'« amour » et l'« aventure ».

3. 諸外国との外交**上**、同じ暦を使用するほうが便利だった。

「～上」est attaché à un nom et signifie「～の点から」ou「～の点で」.
① 家の中でテレビを長時間つけているのは教育上よくない。
　Il n'est pas bon sur le plan de l'éducation de laisser allumer longtemps la télévision à la maison.
② 会社の経営上、今より社員を増やすことは難しい。
　Du point de vue de la gestion de l'entreprise, il est difficile d'augmenter le nombre d'employés.
③ 雨の日に傘をさして自転車に乗るのは交通安全上、非常に危険である。
　D'un point de vue sécurité, il est extrêmement dangereux de rouler à vélo avec le parapluie ouvert à la main un jour de pluie.
④ 1960年代の初めは日本製のアニメは番組編成上の穴埋めとして放送されていた。
　Au début des années 1960, les dessins animés japonais étaient diffusés pour combler les blancs de la programmation télévisuelle.

4. 改暦を行うことに**より**、12月の給料を1か月分払わずに済ませた。

Dans ce cas-là,「～により／によって」indique le moyen et la méthode.
① この会社は、工場を海外に移したことにより、コストを下げるのに成功した。
   Cette entreprise a réussi à diminuer ses coûts en transférant son usine à l'étranger.
② 宅配便によって、全国どこへでも遅くとも2日以内には荷物が届くようになった。
   Les colis peuvent être livrés maintenant en 2 jours au plus tard partout au Japon, grâce au service de livraison à domicile.

5.「九月」は夜が長く月が美しい**ことから**「長月」と名づけられていた。

```
V        ⎫
いA      ⎬  forme neutre
         ⎭                           ⎫
なA       forme neutre                ⎬  + ことから
         ー だ → ー な／ー である      ⎭
N        ー だ → ー である
```

「～ことから」indique que le contenu de「～」est une raison ou une cause. Cette expression peut être suivie d'un fait comme ① et ②, ou d'un jugement du locuteur comme ③. C'est une expression soutenue, essentiellement utilisée dans le langage écrit.
① 夫にスーパーの袋を捨てないように注意したことから、けんかになった。
   Parce que je lui ai fait la remarque de ne pas jeter les sachets du supermarché, mon mari et moi nous sommes disputés.
② この駅では、発車ベルがうるさいという苦情が出たことから、ベルの代わりに音楽を使うようになった。
   Dans cette gare, en raison des plaintes de nuisance sur le bruit de la sonnette qui annonce le départ des trains, celle-ci a été remplacée par de la musique.
③ 発掘調査で指輪やネックレスが発見されたことから、この墓は身分の高い人のものだと考えられる。
   Du fait que des bagues et des colliers, entre autres, ont été découverts, on peut penser que cette tombe est celle d'une personne de statut supérieur.

6. 予算不足にもかかわらず、新制度の導入でたくさんの役人を補充せ**ざるを得な**かった。

V ない -forme ＋ ざるを得ない
（＊「する」→「せざるを得ない」）

La construction「～ざるを得ない」signifie « ne pas vouloir faire「～」», mais en raison de la circonstance ou de la situation, le fait de 「～」 est inévitable ». Lorsqu'elle est utilisée sous la forme 「～ざるを得なかった」 comme ②, cela signifie que « quelqu'un a finalement fait 「～」 car on ne pouvait pas faire autrement ».

① 熱が39度もある。今日は大事な会議があるが、休まざるを得ない。

J'ai trente-neuf de fièvre. J'ai une réunion importante aujourd'hui, mais je ne peux pas faire autrement que de m'y absenter.

② 頂上まであと少しのところで吹雪に遭い、引き返さざるを得なかった。

Nous avons eu une tempête de neige juste avant d'atteindre le sommet, et nous avons été obligés de faire demi-tour.

③ 参加者が予想よりはるかに少なかった。残念だが、今日のイベントは失敗だと言わざるを得ない。

Il y avait beaucoup moins de participants qu'attendu. J'ai le regret de devoir dire que la manifestation d'aujourd'hui était un échec.

C'est une expression plutôt soutenue, cependant elle est utilisée tout autant dans le langage écrit que le langage parlé.

話す・聞く

7. 優太が幼稚園に行くようになって**はじめて**節分のことを知りました。

La construction 「X てはじめて Y」 signifie que « Y se réalise (enfin) après X ». Elle est utilisée lorsque le locuteur veut dire que « X est nécessaire pour que Y se réalise ».

① 子どもを持ってはじめて親のありがたさが分かった。

C'est seulement après avoir eu mon enfant que j'ai compris combien je dois à mes parents.

② 就職してはじめてお金を稼ぐことの大変さを知りました。

C'est seulement après avoir été embauché que j'ai réalisé combien il est difficile de gagner de l'argent.

8. 優太：お父さんは優しいよ。お母さんのほうが怖い。
母　：優太**ったら**。

La construction 「X ったら Y」 est similaire à 「X は Y」, mais elle est utilisée pour mentionner 「Y」 avec un sentiment d'étonnement ou critique.

① お母さんったら、どうして子どもの名前を間違えて呼ぶのよ。たった3人なのに。

Maman ! Pourquoi tu te trompes avec le nom des enfants quand tu les appelles ? Ils ne sont que trois.

② うちで飼ってるチロったら、私のことを母親だと思ってるんですよ。

Vous savez, notre chien, Chiro, me prend pour sa mère !

9. 優太君は6歳にしては大きいね。

(1) N ＋ にしては
(2) forme neutre
　　なA －だ → －である ⎫
　　N 　－だ → －／－である ⎬ ＋ にしては

La construction「XにしてはY」est utilisée pour indiquer que « le degré Y est différent de celui attendu par ce qui est préposé par la prémisse X ». Y peut être positif ou négatif.

① 彼女のピアノの腕は素人にしては相当のものだ。
　Son niveau de piano n'est pas mal du tout pour un amateur.
② このレポートは一晩で書いたにしてはよくできている。
　Ce rapport est bien écrit compte tenu du fait qu'il fut rédigé en une nuit.
③ スペイン語は半年ほど独学しただけです。
　…そうですか。それにしてはお上手ですね。
　J'ai étudié l'espagnol seulement pendant six mois en autodidacte.
　…Vraiment ? Vous parlez bien étant donné cela.

Étant donné que X n'est rien d'autre qu'une hypothèse, la construction peut être aussi utilisée lorsque le locuteur ne peut pas affirmer l'hypothèse.

④ お父さん、残業にしては遅すぎるよ。飲みに行っているのかもしれないね。
　Papa n'est toujours pas rentré. Il est trop tard pour des heures supplémentaires. Il est possible qu'il soit allé boire un verre.

10. 日本に住んでるからには、日本の四季折々の行事を知らないといけないと思う。

V forme neutre 　　　　　　　　⎫
N forme neutre 　　　　　　　　⎬ ＋ からには
　　－だ → －である 　　　　　⎭

La construction「XからにはY」signifie « puisque X, par conséquent naturellement Y ». Y prend souvent une expression telle que l'ordre, l'obligation, l'intention et le souhait.

① 大学院に入ったからには、どんなに大変でも学位を取って国へ帰りたい。
　Je suis admis à l'école doctorale, donc évidemment j'aimerais rentrer dans mon pays avec le diplôme, malgré la difficulté.
② 私は負けず嫌いだ。ゲームでも何でも、やるからには勝たなければならないと思う。
　Je suis quelqu'un qui déteste perdre. Je pense qu'il faut gagner une fois engagé dans un jeu ou autre chose.

③ 日本での就職を目指すからには、敬語はしっかり勉強しておいたほうがいい。

　　Puisque vous envisagez d'obtenir un emploi au Japon, vous feriez mieux d'être sûr d'avoir bien appris le langage honorifique.

Cette construction ne peut pas être utilisée dans une phrase exprimant un fait ayant déjà eu lieu.

11. さあ、サッカーの練習に行くん**でしょ**。

forme neutre
なA }
N   } ーだ } ＋ でしょ。

Le locuteur utilise cette expression sous la forme「Xだろう」avec l'intonation montante afin de confirmer le contenu de X avec son interlocuteur. Lorsque l'interlocuteur n'est pas conscient de X, cette expression est utilisée pour lui demander de prendre en conscience et peut accompagner du sentiment de reproche ou réprimander. Outre la forme de politesse 「でしょう」, dans la conversation elle peut prendre les formes telles que「でしょ」,「でしょっ」,「だろ」,「だろっ」...

① 10時だ。子どもはもう寝る時間だろう。歯をみがいて、ベッドに入りなさい。

　　Il est 10 heures. C'est l'heure où les enfants se couchent, non ? Brosse les dents et va au lit.

② 優太、そんなところに立ってたら邪魔になるでしょ。こっちへいらっしゃい。

　　Yuta, tu ne vois pas que tu gênes les gens si tu restes debout là-bas ? Viens-ici.

③ 飲みに行こうって誘ったのは君だろ。今日になってキャンセルなんて、ひどいよ。

　　Ce n'est pas toi qui as proposé d'aller boire ? Ça ne se fait pas d'annuler aujourd'hui !

Leçon 18

> **読む・書く**

1. 僕はおそらくあの薄汚い鉛筆削りを使いつづけていた**に違いない**。

forme neutre
なA
N ｝ －だ → －／－である ｝ ＋ に違いない

C'est une expression utilisée pour indiquer que le locuteur a une conviction de ce qu'il dit.
① 渡辺さんは時間が守れない人だ。今日もきっと遅れてくるに違いない。
   M. Watanabe est quelqu'un qui ne peut pas être ponctuel. C'est sûr qu'il sera en retard aujourd'hui aussi.
② 山本監督の映画ならきっとおもしろいに違いない。
   Si le film est réalisé par Yamamoto, je suis certain qu'il est intéressant.
③ あの公園の桜はもう散っているに違いない。
   Les fleurs de cerisier de ce parc doivent être déjà tombées.

Cette construction ressemble à 「はずだ」. Mais 「はずだ」indique que la conviction est fondée sur un calcul, une connaissance ou une logique, alors que 「に違いない」peut également indiquer une conviction intuitive comme dans ④.
④ 彼を一目見て、親切な人 {○に違いない／×のはずだ} と思った。
   Au premier abord, j'étais certain que c'était quelqu'un de gentil.

2. 僕の鉛筆削りは手動式の機械で、他のもの**に比べて**変わったところなんてない。

N ＋ に比べて／比べると

La construction 「XはYに比べて／比べると…」est utilisée pour mentionner une comparaison entre X et Y et elle est généralement suivie par une expression indiquant un degré. Dans la plupart des cas, le sens n'est pas modifié en remplaçant cette expression par 「〜より」.
① 今年は去年に比べて春の来るのが遅かった。
   Le printemps est arrivé plus tard cette année que l'an passé.
② 電子辞書で調べたことは紙の辞書に比べると記憶に残りにくい気がする。
   J'ai l'impression que je mémorise moins bien les choses consultées dans le dictionnaire électronique que le dictionnaire papier.
③ 郊外は都心に比べて緑が多い。
   Il y a plus de verdure dans la banlieue en comparant au centre-ville.

3. こんな幸運は人生の中でそう何度もある**ものではない**。

```
V forme dictionnaire
V ない-forme　－ない    ⎫
い A                    ⎬ ＋ ものだ
な A　－な              ⎭
```

(1) La construction「XはYものだ」est utilisée pour mentionner la caractéristique ou la tendance de X. Dans le langage parlé, cela peut prendre la forme「もんだ」.

① 人は変わるものだ。
　　Les gens changent.
② お金って、なかなか貯まらないもんですね。
　　L'argent est difficile à épargner, n'est-ce-pas ?

Comme cette construction est utilisée pour mentionner des faits généraux, X ne peut pas désigner un nom propre, une personne ou une chose spécifique.

× 田中先生は変わるものだ。

Il y a deux formes négatives :「～ものではない」et「～ないものだ」. La première exprime la négation un peu plus fortement que la seconde.

③ 日本語で日常的に使われる漢字は 2,000 字以上ある。1 年や 2 年で覚えられるものではない。
　　Il y a plus de 2,000 kanji en japonais utilisés quotidiennement. Ce n'est pas quelque chose qu'on peut apprendre en 1 ou 2 ans.
④ 甘いものは一度にたくさん {食べられるもんじゃない／食べられないもんだ}。
　　Il est impossible de manger beaucoup de sucreries en une fois.

(2) Dérivé de l'utilisation mentionnant la caractéristique ou la tendance présentée ci-dessus,「～ものだ」est également utilisé pour mentionner la situation idéale ou l'acte qu'on doit accomplir. Le sens est alors proche de「～べきだ」.

⑤ 学生は勉強するものだ。
　　L'étudiant doit étudier.
⑥ 出された食事は残すものではない。
　　Lorsque le repas est servi, il faut finir son assiette.

話す・聞く

4. ワイングラス、どこにしまったかな。あ、あっ**た**、あった。

Les expressions au passé telles que「いた」,「あった」et「見えた」sont utilisées pour indiquer que le locuteur a retrouvé quelque chose qu'il cherchait ou qu'il s'est rendu compte de quelque chose qu'il ne voyait pas auparavant.

① チロ！チロ！どこにいるんだ。おー、いた、いた。こんなとこにいたのか。
   Chiro ! Chiro ! Où es-tu ? Tiens, je te vois. Tu étais donc là !
② ほら、見てごらん。あそこに小さな島が見えるだろう。
   …ええ？　どこ？　見えないよ。あ、見えた。あれ？
   Regarde-moi ça. Tu vois une petite île là-bas, non ?
   …Euh, où ça ? Je ne vois rien… Ah ça y est, je la vois. C'est celle-là ?

5. だって、このお皿、新婚時代の思い出がいっぱいなんだもの。

「だって、…もの」est utilisé pour exprimer une raison lorsque le locuteur veut se justifier ou donner une excuse. C'est une expression familière et ne peut pas être utilisée dans les situations formelles.

① どうしてケータイばかり見ているの？
   …だって、することがないんだもの。
   Pourquoi tu ne fais que regarder ton portable ?
   …Parce que je n'ai rien à faire.
② どうしてうそをついたの？
   …だって、誰も僕の言うことを聞いてくれないんだもん。
   Pourquoi as-tu menti ?
   …Parce que personne n'écoute ce que je dis.

6. ふだん使わないものをしまっといたところで、場所をとるだけだよ。

L'expression「Xたところで Y」signifie「もしXても Y (mauvais résultat) になる」et indique que même si X a lieu, l'effet (indésirable) de Y se produira. Elle est utilisée pour dire「Xする必要はない」et que le locuteur estime qu'il n'y a pas d'intérêt de faire X.

① いくら状況を説明したところで、警察は信じないだろう。
   Même si vous tâchez d'expliquer la situation, la police ne vous croira pas.
② きれいに片づけたところで、子どもがすぐ散らかすんだから意味がないよ。
   Ça ne sert à rien que je range parfaitement…Les enfants vont tout mettre en désordre tout de suite.

7. | ここにあるスーパーの袋の山、何だよ。
　　…あら、袋だって必要なのよ。

N
N ＋ particule casuelle　｝＋ だって

La construction「XだってY」est utilisée quand le locuteur veut indiquer que ce qu'il dit est contraire à l'attente「XであればYではないだろう」.
① 日本語は漢字が難しいかもしれないけど、韓国語だって発音が難しい。
　　Certes en japonais, les kanji sont probablement difficiles, mais le coréen est difficile à prononcer.

Cette construction peut aussi être utilisée avec énumération de plusieurs éléments comme ②.
② 鈴木さんはスポーツが得意だから、サッカーだって野球だって何でもできます。
　　M. Suzuki est doué en sport, donc il est capable de jouer au football, au base-ball et toute sorte de sport...

La construction「XだってY」peut être également utilisée, comme ③, pour insister sur le fait que X s'applique à Y même si cela n'est pas forcément différent de l'attente.
③ 父は毎朝早く仕事に出掛けます。今日だって朝6時に家を出ました。
　　Mon père part tôt au travail tous les matins. Aujourd'hui aussi, il est parti à six heures.

8. | あなたこそ、あの本の山はいったい何なの！

N
N ＋ particule casuelle（に・で）
V て-forme
forme neutre ＋ から　　　｝＋ こそ

L'expression「XこそY」est utilisée pour souligner le fait que X est Y, mais pas quelque chose d'autre.
① どうぞよろしくお願いします。
　　…こちらこそどうぞよろしく。
　　Ravi de compter sur vous.
　　…C'est moi.
② ずいぶん長いことお祈りしてたね。
　　…今年こそ、いい人に出会えますようにってお願いしてたの。
　　Tu as fait une prière très longue.
　　…Je priais pour que, cette année, je puisse rencontrer quelqu'un de bien.

X peut être un nom indiquant une personne ou un objet, mais aussi « un nom + une particule casuelle », 「〜て」 indiquant une situation, et 「〜から」 indiquant une raison et d'autres expressions.

③　この本は子ども向けだが、逆に、大人にこそ読んでもらいたい。

Ce livre est destiné aux enfants, mais paradoxalement je voudrais que les adultes le lisent.

④　どんな言語もコミュニケーションに使えてこそ意味があるのであって、試験に合格しても実際に使えなければ意味がありません。

Toutes les langues ont un sens si elles peuvent être effectivement mises en pratique dans la communication. Donc même si on a réussi à un examen, si on ne peut pas l'utiliser réellement, il n'y a aucun intérêt.

⑤　あの人が嫌いなのではない。好きだからこそ冷たい態度をとってしまうのだ。

Ce n'est pas que je ne l'aime pas. C'est parce que je l'aime que je finis par me comporter froidement.

Leçon 19

読む・書く

1. ロボコンは初めのころはNHKの番組で、大学や高専の学生**を対象に**行われていた。

L'expression「〜を対象に」est utilisée pour indiquer l'objet d'une enquête, le destinataire d'une information ou d'une action. Elle peut aussi prendre la forme「〜を対象にして」.

① 幼児を対象に開発されたゲームが、大人の間で流行している。

Les jeux développés pour les enfants d'âge préscolaire sont en vogue chez les adultes.

② テレビの午後の番組はおもに主婦を対象に組まれている。

Les programmes télévisés de l'après-midi sont principalement élaborés pour les femmes au foyer.

2. ロボコンの特効薬的効果は、中学生**ばかりでなく**、高専や大学の学生にもある。

L'expression「〜ばかりでなく」est la même que「〜だけでなく」, et indique que ce n'est pas exhaustif.

① 18号台風は農業ばかりでなく、経済全体にも大きなダメージを与えた。

Le typhon n°18 a fait de grands dégâts non seulement dans l'agriculture mais aussi dans l'ensemble de l'économie.

② ここは温泉ばかりでなく、釣りや山登りも楽しめます。

Ici, vous pouvez profiter, non seulement de la source thermale, mais aussi de la pêche et des randonnées.

3. ロボコンというものが、大きな教育力を備えた活動だということがはっきりしてきたから**にほかならない**。

N
〜から・ため, etc. (exprimant une cause, une raison ou un fondement) } + にほかならない

L'expression「〜にほかならない」est utilisée pour dire「〜である」de manière emphatique.

① 子どもの反抗は、大人になるための第一歩にほかならない。

La révolte des enfants n'est autre que le premier pas pour devenir adulte.

② この成功は、あなたの努力の結果にほかなりません。

Ce succès n'est autre que le résultat de vos efforts.

③ このような事故が起きたのは、会社の管理体制が甘かったからにほかなりません。

La cause de cet accident n'est autre que la négligence du système de contrôle de l'entreprise.

4. ロボットづくりを通して、物と人間とのよい関係が身につく。

N ＋ を通して

L'expression「〜を通して」s'emploie avec un nom indiquant une action et signifie「〜をすることによって」. Cela indique le moyen pour que le propos exprimé dans la partie qui suit se réalise.

① 厳しい練習を通して、技術だけでなく、どんな困難にも負けない心が養われたと思います。

Je crois que les entraînements difficiles ont permis de développer non seulement la technique mais également la détermination à vaincre les difficultés.

② 茶道を通して、行儀作法だけでなく、和の心を学んだ。

J'ai appris non seulement les bonnes manières, mais aussi l'harmonie à travers la pratique de cérémonie du thé.

③ 語学の学習を通して、その言葉だけでなく、その国の文化や人の考え方なども知り、理解が深まったと思う。

Je crois que l'étude des langues m'a permis de connaître non seulement la langue elle-même mais aussi d'approfondir ma compréhension de la culture et de la mentalité des gens.

5. たいていの中学校では秋から翌年にかけて4か月間ロボットづくりをさせる。

N (nom temporel) ＋ から ＋ N (nom temporel) ＋ にかけて
N (nom spatial) ＋ から ＋ N (nom spatial) ＋ にかけて

L'expression「〜から〜にかけて」indique le début et la fin d'une période ou d'un espace en mentionnant qu'un événement a lieu quelque part dans cette période ou cet espace.

① 台風8号は今夜から明日にかけて上陸する見込みです。

On prévoit l'arrivée du typhon n°8 sur l'archipel entre cette nuit et demain matin.

② 毎年1月から3月にかけてほうぼうで道路工事が行われる。

Il y a des travaux de voierie partout de janvier à mars tous les ans.

③ 関東から東北にかけていろいろな都市でコンサートを開いた。

On a organisé des concerts dans différentes villes de la région de Kanto jusqu'à celle de Tohoku.

6. 彼らのふるまいの変化はともかく、彼らの顔が以前に比べて、おだやかになる。

(1) N ＋ はともかく
(2) V ／
　 いA ｝ forme neutre
　 なA ｝ forme neutre　　＋ かどうか ＋ はともかく
　 N ／ ー だ

L'expression 「〜はともかく」 est utilisée lorsque le locuteur veut dire que 「〜」 est important, mais qu'il ne le mentionnera pas dans le détail pour l'instant. Elle peut prendre la forme 「〜はともかくとして」.

① あのレストランは値段はともかく、味はいい。
　 Le prix à part, la cuisine de ce restaurant est bonne.
② 彼は見た目はともかく、性格がいい。
　 L'apparence à part, il a un bon caractère.
③ 参加するかどうかはともかく、申し込みだけはしておこう。
　 Que je participe ou non, je vais au moins m'inscrire.
④ 上手に歌えたかどうかはともかく、頑張ったことは事実だ。
　 Qu'il ait réussi à bien chanter ou non, le moins qu'on puisse dire est qu'il a tout donné.

7. チームが勝つためには、彼らは意見の違いを乗り越えていかざるを得ない。

V forme dictionnaire ｝
N ＋ の　　　　　　　｝ ＋ ためには

「〜ためには」 indique le but. Cette expression est suivie d'une expression de nécessité ou d'obligation.

① マンションを買うためには、3,000万円くらい必要だ。
　 Pour acheter un appartement, environ 30 millions de yen sont nécessaires.
② 医者になるためには、国家試験に合格しなければならない。
　 Pour devenir médecin, il faut réussir un concours national.
③ 新聞が読めるようになるためには、もっと漢字を勉強したほうがいい。
　 Pour arriver à lire les journaux, vous feriez mieux d'étudier davantage les kanji.

Cette expression peut être utilisée, non seulement avec un verbe en forme dictionnaire, mais aussi avec un nom indiquant une action.

④ 勝利のためには、全員の力を合わせることが必要だ。
　 Pour la victoire, il est nécessaire de rassembler toutes nos forces.

話す・聞く

8. 演劇は**決して**華やかなだけの世界では**ない**ということを覚えておいてほしい。

「決して」est toujours suivi d'une forme négative. Cette expression est la même signification que「全く・全然・絶対（に）〜ない」, et met l'accent sur la négation.

① 経営者側は自分たちの責任を決して認めようとはしなかった。

La direction ne voulait absolument pas admettre ses responsabilités.

② 落とした財布が中身ごと戻ってくるということは決してめずらしくない。

Il n'est pas du tout rare de retrouver son portefeuille avec son contenu intact.

Leçon 20

読む・書く

1. アフロヘアーの青年が山口五郎**のもとで**尺八修業を始めた。

L'expression「〜のもとで」signifie「目上の人のいる場所で」, et elle s'emploie pour indiquer qu'on reçoit un enseignement ou qu'on est dirigé par un aîné (plus âgé ou plus expérimenté ou avec un statut supérieur).
① 新しい監督のもとでチーム全員優勝を目指して頑張っている。
　　L'équipe entière travaille dur sous la direction du nouvel entraîneur pour gagner le championnat.
② 4歳のときに親を亡くし、田舎の祖父母のもとで育てられた。
　　Ayant perdu mes parents à l'âge de quatre ans, j'ai été élevé par mes grands-parents.

2. 尺八は本来**そう**であったように「いやし」の音楽としても注目されている。

「そう」désigne le propos qui suit. Par exemple, dans cette phrase,「そう」se réfère à「尺八が本来『いやし』の音楽であること」.
① この地域では、昔からそうであったように、共同で田植えをする。
　　Dans cette région, comme cela a toujours été, les gens repiquent le riz en communauté.
② 誰でもそうだが、子どもを持って初めて親のありがたみを知る。
　　C'est la même chose pour tout le monde, mais c'est après avoir eu un enfant qu'on réalise combien on doit à ses parents.

3. すごい音楽がある**ぞ**。

「…ぞ」est une particule finale utilisée pour informer clairement l'auditeur de quelque chose qu'il ne connaît pas. Cette particule est utilisée par les hommes dans une conversation.
① 気をつけろ。このあたりは毒ヘビがいるぞ。
　　Fais attention ! Il y a des serpents venimeux dans cette zone.
② おーい。ここにあったぞ。
　　Hé ! Je l'ai trouvé ici !

4. 邦楽は日本の民族音楽である**と同時に**人類全体の財産である。

「〜と同時に」s'emploie pour indiquer que deux éléments, normalement pas très compatibles, coexistent ou se produisent ensemble.

① 酒は薬になると同時に毒にもなる。

De la même manière que l'alcool est un médicament, il peut être aussi un poison.

② 遅く帰ってきた娘の顔を見て、ホッとすると同時に腹が立った。

En voyant ma fille rentrer tard à la maison, j'ai ressenti tant du soulagement que de la colère.

5. 内容より形を重視する考えに従う**しかなかった**。

V forme dictionnaire + しかない

「〜しかない」signifie qu'il n'y a pas d'autres choix que de faire「〜」.

① 誰も手伝ってくれないなら、私がやるしかない。

Si personne ne m'aide, alors je devrai le faire moi-même.

② 私にはとても無理な仕事だったので、断るしかなかった。

Puisque c'était un travail impossible pour moi, je ne pouvais pas faire autrement que de le décliner.

③ 国立大学と私立大学に合格したとき、私は経済的な理由で学費の安い国立大学に進学するしかなかった。

Lorsque j'ai été admis à la fois dans une université nationale et une université privée, je n'avais pas le choix pour des raisons économiques que d'aller dans l'université nationale dont les frais de scolarité étaient moins chers.

6. クリストファー遙盟・ブレイズデルさんは30年にわたる経験**の末**、こう語る。

N の
V た -forme } **+ 末 [に]**

「〜の末」signifie « enfin, après avoir éprouvé une expérience difficile ». L'expression peut aussi prendre la forme「〜の末に」.

① 苦労の末、画家はやっと作品を完成させることができた。

Après ses longs efforts, le peintre est enfin parvenu à achever son œuvre.

② その選手は、数週間悩んだ末、引退する決心をした。

Ce joueur a finalement décidé de prendre sa retraite après quelques semaines de réflexion tourmentée.

③ いろいろな仕事を渡り歩いた末に、結局最初の仕事に落ち着いた。

   Après avoir exercé différents emplois, je me suis finalement stabilisé avec mon emploi du début.

7. 武満徹の作品の中で使われ**て以来**、尺八は国際的に広がりをみせた。

```
V て -forme  ⎫
             ⎬  +  以来
N            ⎭
```

L'expression「～て以来」a la même signification que「～してからずっと」. Cette expression n'est pas utilisée pour le passé récent mais lorsqu'une situation a duré dans le temps d'un passé assez lointain jusqu'à présent.

① スキーで骨折して以来、寒くなると足が痛むようになった。

   Depuis que je me la suis fracturé au ski, j'ai mal à la jambe quand il fait froid.

② 結婚して以来ずっと、横浜に住んでいる。

   Depuis notre mariage, nous habitons toujours à Yokohama.

③ 帰国して以来、一度も日本食を食べていない。

   Depuis que je suis retourné dans mon pays, je n'ai pas encore mangé de cuisine japonaise.

Cette expression peut être utilisée, aussi bien avec un verbe en て -forme qu'avec un nom indiquant un moment.

④ 去年の夏以来、父とは一度も会っていない。

   Je n'ai pas vu mon père depuis l'été de l'année dernière.

⑤ 大学卒業以来、ずっと司法試験合格をめざして勉強を続けてきた。

   Depuis que je suis sorti de l'université, je continue mes études pour réussir le concours national du barreau et de la magistrature.

8. アメリカには尺八を教える大学もある**くらいだ**。

```
V           ⎫
いA  forme neutre  ⎬                     ⎧ くらいだ。
                    ⎬  +  ⎨
なA   forme neutre                        ⎩ くらい、…
      －だ → －な／－である ⎭
```

「くらい」s'emploie lorsque le locuteur mentionne un exemple d'un degré extrême pour indiquer le degré de ce qu'il a mentionné avant. Dans l'exemple ③,「くらい」est utilisé pour donner un exemple de ce qui est mentionné après. Cette expression peut être remplacée par「ほどだ」.

① 空港までは遠いので、朝7時に家を出ても遅いくらいだ。

Comme l'aéroport est loin, même si je pars de chez moi à sept heures du matin, ce serait trop tard.

② このかばんはとてもよくできていて、偽物とは思えないくらいだ。

Ce sac est bien fait, donc on ne croirait pas à une imitation.

③ この本は中学生でも読めるくらい簡単な英語で書かれている。

Ce livre est écrit dans un anglais facile au point que même les collégiens puissent lire.

④ 北国の建物は冷房より暖房が行き届いているので、冬のほうが快適なくらいだ。

Comme les bâtiments du nord du pays sont mieux équipés en chauffage qu'en climatisation, on peut presque dire que l'hiver est plus agréable à vivre là-bas.

話す・聞く

9. 「ががまる」という四股名はニックネームの「ガガ」に師匠が期待**をこめて**、いい漢字を選んでくれました。

L'expression「〜をこめて」a la même signification que「〜の気持ちを持って」.

① これは子どものために母親が愛をこめて作った詩です。

C'est un poème qu'une mère a écrit avec amour pour son enfant.

② 今日はお客さんのために心をこめて歌います。

Aujourd'hui, je vais chanter de tout mon cœur pour le public.

10. 相撲の世界は努力すれ**ば**努力した**だけ**報いられる世界です。

La construction「〜ば〜だけ」est utilisée pour indiquer qu'un résultat est obtenu en proportion avec le degré d'une action.

① 頭は使えば使っただけ柔かくなる。

Le cerveau devient souple au fur à mesure qu'il est utilisé.

② 苦労は大きければ大きいだけ財産になる。

Plus la difficulté est grande, plus elle devient un atout pour soi-même.

11. 電話で母の声を聞い**たとたんに**、涙が出てきた。

V た -forme ＋ とたん [に]

「〜たとたん（に）」a la même signification que「〜するとすぐに・〜したあとすぐに」et indique le fait qu'un événement déclenche un autre événement inattendu.

① 箱のふたを開けたとたん、中から子猫が飛び出した。

Quand j'ai ouvert le couvercle de la boîte, un chaton a jailli.

② お金の話を持ち出したとたんに、相手が怒りだした。

À peine ai-je soulevé la question de l'argent que mon partenaire s'est mis en colère.

③ テレビのＣＭでこの曲が使われたとたん、ＣＤの売上げが急激に伸びた。

Aussitôt que cette musique a été utilisée dans une publicité à la télévision, les ventes du CD sont montées en flèche.

12. 外国人だ**からといって**、わがままは言えません。

forme neutre　＋　からといって

L'expression「〜からといって」est utilisée pour indiquer qu'un résultat différent de ce que l'on attend se produit. Cette expression est suivie d'une forme négative.

① 新聞に書いてあるからといって、必ずしも正しいわけではない。

Ce n'est pas parce que c'est écrit dans le journal que c'est forcément la vérité.

② 便利だからといって、コンビニの弁当ばかり食べていては体によくないと思う。

Sous prétexte que c'est pratique, je ne pense pas que manger uniquement des repas en boîte de superette soit bon pour la santé.

③ 民主主義だからといって、何でも数で決めていいわけではない。

Ce n'est pas parce que nous sommes en démocratie que cela signifie qu'il est bon de tout décider au plus grand nombre.

Leçon 21

読む・書く

1. 水を沸かし**もせずに**、そのまま生で飲める国など世界広しといえどもそう多くはない。

「〜もせずに」est une expression archaïque dont la signification est « sans faire quelque chose qui est censé être fait ».

① 父は具合が悪いのに、医者に行きもせずに仕事を続けている。

Bien que mon père ne se sente pas bien, il continue à travailler sans aller consulter un médecin.

② 彼は上司の許可を得もせずに、新しいプロジェクトを進めた。

Il a poursuivi le nouveau projet sans même avoir obtenu l'autorisation de son supérieur.

2. 水をそのまま生で飲める国など世界広し**といえども**そう多くはない。

「〜といえども」est une expression archaïque qui a la même signification que「〜といっても」ou「〜ではあるが」.

① どんな大金持ちといえども、お金で解決できない悩みがあるはずだ。

Aussi riche qu'il puisse être, il doit avoir des problèmes qui ne peuvent être résolus par l'argent.

② 名医といえども、すべての患者を救うことはできない。

Même un aussi grand médecin ne pourra pas sauver tous ses patients.

3. **よほど**英語が堪能な人**でも**、そう簡単には訳せないだろう。

La construction「よほど〜でも」a la même signification que「非常に〜であっても」ou「どんなに〜であっても」.

① よほどけちな人でも、あの吉本さんには勝てないだろう。

Même quelqu'un de très avare ne pourrait pas être plus avare que ce M. Yoshimoto.

② よほど不器用な人でも、この機械を使えば、ちゃんとした物が作れるはずだ。

Même quelqu'un d'extrêmement maladroit pourrait fabriquer une chose correctement s'il utilise cette machine.

4. 日本人が**いかに**水と密着して独自の水文化を築きあげてきた**か**がよくわかる。

「いかに〜か」est une expression qui a la même signification que「非常に〜である」mais de façon emphatique.

① 朝のラッシュを見ると、日本人がいかに我慢強いかが分かる。
   Si l'on observe l'affluence matinale, on comprend combien les Japonais sont patients.
② 自然の力の前では人間の存在などいかに小さなものかを知った。
   Je me suis rendu compte à quel point l'existence humaine est petite devant la puissance de la Nature.

5. さすがの通人、二の句もつげなかった**とか**。

forme neutre ＋ とか。

「…とか。」est une expression familière utilisée à l'écrit, qui a la même signification que「〜そうだ。(ouï-dire)」ou「はっきりとではないが〜と聞いた。」.

① 隣のご主人、最近見かけないと思ったら、2週間前から入院しているとか。
   Je ne voyais plus mon voisin ces derniers temps. Il paraît qu'il est à l'hôpital depuis 2 semaines.
② お嬢さんが近々結婚なさるとか。おめでとうございます。
   Il paraît que votre fille va se marier. Félicitations.
③ 先週のゴルフ大会では社長が優勝なさったとか。
   Il paraît que le président (PDG) a remporté le tournoi de golf de la semaine dernière.

6. 私**に言わせれば**、「本当にそんな名水、まだ日本に残っているのかいな」と疑いたくなる。

N ＋ に ＋ 言わせれば／言わせると／言わせたら／言わせるなら

L'expression「〜に言わせれば」s'attache à un nom indiquant une personne et a la même signification que「その人の意見では」. Elle indique que ce qui est mentionné est d'une part, l'opinion propre de cette personne, et d'autre part, cette opinion diffère de celles des autres.

① 経済の専門家に言わせれば、円はこれからもっと高くなるらしい。
   Selon les spécialistes d'économie, le yen continuera à monter.
② 口の悪い弟に言わせると、「長」がつく人間は信用してはいけないそうだ。
   Selon mon petit frère qui est mauvaise langue, il ne faut pas faire confiance aux gens ayant le statut de « chef de ».

③ 200年前の日本人に言わせたら、現代の若者が話している日本語は外国語みたいだと言うだろう。

Les Japonais d'il y a 200 ans diraient que le japonais parlé par les jeunes d'aujourd'hui sonne comme une langue étrangère.

話す・聞く

7. 日本の食事スタイルの問題点を、データに基づいてお話ししたいと思います。

N ＋ に基づいて

L'expression 「～に基づいて」 signifie « basé sur 「～」 ». Elle prend la forme 「～に基づいた」 quand elle qualifie un nom.

① この映画は、事実に基づいて作られている。

　　Ce film est tiré de faits réels.

② デパートでは、調査結果に基づいた新しいサービスを導入した。

　　Le grand-magasin a introduit un nouveau service qui s'appuie sur les résultats de l'enquête.

③ 予想ではなく、経験に基づいて判断しました。

　　J'ai jugé, non pas en m'appuyant sur des spéculations mais sur mes expérience.

8. 15年ほどの間に食事のとり方も大きく変化してきたと言えます。

```
V        }
いA      } forme neutre
なA      } forme neutre    ＋ と言えます
N        }   －だ
```

「～と言える」a la même signification que「～と判断できる」.

① 日本の経済力を考えると、国際社会における日本の責任は大きいと言える。

　　Considérant la puissance économique du Japon, on peut dire que sa responsabilité au sein de la communauté internationale est importante.

② 人口増加によって、地球温暖化はますます進むと言えるのではないでしょうか。

　　On pourrait dire que l'augmentation de la population accroîtra de plus en plus le réchauffement climatique de la Terre.

③ お金があれば幸せだと言えるのでしょうか。

　　Peut-on dire qu'il suffit d'avoir de l'argent pour être heureux ?

9. 日本の食卓は豊かですが、**一方で**食の外部化率の上昇や「個食」の増加といったことが起きています。

…が、一方で

forme neutre ＋ 一方で

L'expression「一方で」est utilisée pour mentionner un propos dont l'évaluation est opposée à la partie précédente. Elle peut également prendre la forme「一方では」ou「一方」.

① 日本は技術が進んだ国だが、一方で古い伝統文化も大切にしている。

Le Japon est un pays où la technologie est avancée, mais d'un autre côté, il donne de l'importance à sa culture traditionnelle ancienne.

② 英語は小さい時から学ばせたほうがいいという意見もある一方で、きちんと母語を学んでからにしたほうがいいという意見もある。

D'un côté il y a ceux qui pensent qu'il vaut mieux faire apprendre l'anglais dès que les enfants sont petits, d'un autre côté, il y en a ceux qui disent qu'il vaut mieux attendre qu'ils aient déjà appris correctement leur langue maternelle.

③ コレステロール値が高いのは問題だが、一方ではあまり低すぎるのも長生きできないという調査結果がある。

Avoir un taux de cholestérol élevé est un problème, mais d'un autre côté, certaines études montrent que les gens ayant un taux de cholestérol trop bas n'auraient pas de longue vie.

10. このような現象は日本**に限らず**、ブラジルでも他の国でも起きている。

N ＋ に限らず

「〜に限らず」a la même signification que「〜だけでなく（ほかにも）」.

① このキャラクターは、子どもに限らず大人にも人気がある。

Ce personnage est tout aussi populaire chez les adultes que chez les enfants.

② 海外ではお寿司やてんぷらに限らず、豆腐料理なども人気がある。

À l'étranger, la popularité des plats japonais ne se limite pas seulement au sushi et au tempura mais aussi à d'autres plats comme celui du tofu.

③ バリアフリーとは障害を持った人やお年寄りに限らず、誰でもが快適に利用できるということです。

« Accès pour tous » signifie que tout le monde peut l'utiliser facilement et pas seulement les personnes handicapées ou les personnes âgées.

Leçon 22

> 読む・書く

1. ネクロロジー集に玉稿をたまわりたく、お手紙をさしあげた次第です。

「〜次第です。」s'emploie dans la construction「forme suspensive/て -forme、〜次第です。」pour indiquer「〜という理由で、…しました。」.「〜という次第で、…」a la même signification que「〜という理由で、…」.

① 関係者が情報を共有すべきだと考え、皆様にお知らせした次第です。

  Nous vous informons de ceci car nous considérons que ces informations doivent être partagées entre toutes les personnes concernées.

② 私どもだけではどうしようもなく、こうしてお願いに参った次第でございます。

  Il était impossible pour nous d'y arriver, c'est pour cette raison que nous sommes venus de cette manière vous demander une faveur.

2. それをもって「客観的評価」とされていることに私たちはあまり疑問を抱きません。

「〜をもって…とする」a la même signification que「〜を…と見なす (considérer 〜 comme…)」.

① 出席率、授業中の発表、レポートをもって、評価とします。

  Les étudiants seront évalués sur la base du taux de présence, des exposés présentés pendant les cours et des rapports.

② 拍手をもって、賛成をいただいたものといたします。

  Nous considérons donc que vous êtes tous d'accord compte tenu de vos applaudissements.

3. 小社におきましては、目下『私の死亡記事』というネクロロジー集を編纂中です。

  N ＋ におきましては

L'expression「〜においては／〜におきましては」est utilisée pour limiter l'étendue. Elle est similaire à「〜では」, mais plus soutenue. En particulier,「〜におきましては」est une expression très soutenue. Pour cette raison, elle est plus utilisée que「〜では」dans des textes de discours formel.

① 経済成長期の日本においては、収入が2〜3年で倍になることもあった。

  Au Japon durant la période de forte croissance, certaines personnes ont vu leur revenu doublé en deux ou trois ans.

② 外国語の学習においては、あきらめないで続けることが重要だ。

Dans l'apprentissage de langues étrangères, il est important de ne pas abandonner et de continuer coûte que coûte.

③ 皆様におかれましてはお元気にお過ごしのことと存じます。

J'espère que vous tous allez bien.

4. 本人が書いた死亡記事は、時代を隔てても貴重な資料になり**うる**のではないか。

V ます -forme ＋ うる／える

「〜うる／える」a la même signification que「〜ことができる」. En kanji, il s'écrit「得る」et peut être prononcé de deux manières différentes. Cependant, la prononciation「うる」est plus couramment utilisée. La forme négative est「えない」.

① 就職に関する問題は彼一人でも解決しうることだ。

Il pourrait résoudre le problème lié à son emploi par lui-même.

② 今のうちにエネルギー政策を変更しないと、将来重大な問題が起こりうる。

Si la politique énergétique ne change pas maintenant, on risque de voir apparaître de graves problèmes dans le futur.

③ 彼女が他人の悪口を言うなんてことはありえない。

Il est impensable qu'elle dise du mal des autres.

Cette expression est proche de「〜ことができる」, mais「〜ことができる」ne peut être utilisé que comme verbe volitif, alors que「〜うる／える」peut être utilisé comme verbe non-volitif.

④ この問題は容易に解決することができる／解決しうる。

Il est possible de résoudre facilement ce problème.

⑤ 日本ではいつでも地震が起こりうる。

Au Japon, un tremblement de terre peut se produire à tout moment.

Par ailleurs, de manière générale, on ne peut pas utiliser「〜うる／える」dans une phrase où le sujet est une personne.

⑥ 田中さんは100メートルを10秒台で走ることができる。

M. Tanaka peut courir 100 mètres en un peu plus de 10 secondes.

5. 氏は生前、三無主義を唱えていたため、遺族もこれを守り、その結果、氏の死の事実が覆い隠されることになった**のであろう**。

```
V
いA      } forme neutre
なA      } forme neutre  }  +  のであろう／のだろう
N        } －だ → な
```

「…のであろう（のだろう）」est utilisé lorsque le locuteur exprime sa pensée sur comment il interprète la raison ou la situation décrites dans la phrase précédente.

① 洋子さんは先に帰った。保育所に子どもを迎えに行ったのだろう。

　Yoko est rentrée avant nous. Probablement, elle est allée chercher son enfant à la crèche.

② ガリレオは「それでも地球は回る」と言った。地動説への強い信念があったのであろう。

　Galilée a dit : « Et pourtant la Terre tourne », probablement parce qu'il était convaincu par l'héliocentrisme.

③ 田中さんがにこにこしている。待ち望んでいたお子さんが生まれたのだろう。

　M. Tanaka sourit. Son enfant si désiré est probablement né.

④ 山田さんの部屋の電気が消えている。彼は出かけているのだろう。

　La lumière de la chambre de M. Yamada est éteinte. Il est sorti.

Dans ④, 「彼は出かけている」est une interprétation conjecturale de「山田さんの部屋の電気が消えている」. Si le locuteur n'a pas de doute sur cette interprétation, 「のだ」sera utilisé à la place de「のだろう」.

・山田さんの部屋の電気が消えている。彼は出かけているのだ。

Donc, dans ce cas-là, 「のだろう」veut dire「の（だ）＋だろう」. D'autres expressions telles que「のかもしれない」ou「のにちがいない」sont combinées de la même façon.

6. 遺族は残された遺灰を、一握りずつ因縁のある場所に散布している**と思われる**。

```
V
いA      } forme neutre
なA      } forme neutre  }  +  と思われる
N        } －だ
```

「〜と思われる」est utilisé dans le langage écrit lorsque le scripteur exprime son opinion. Il est courant d'utiliser「〜と思われる」dans le langage écrit, en particulier dans des mémoires, des articles académiques, mais pas「〜と思う」.「〜と考えられる」est également utilisé de manière similaire.

① 世界の経済の混乱はこの先5、6年は続くと思われる。

À mon avis, la tourmente économique mondiale continuera encore 5 ou 6 ans.

② 彼の指摘は本社の経営上の問題の本質を突いていると思われる。

Il me semble que ses remarques touchent l'essentiel des problèmes de gestion de notre société.

③ エコロジーは世界中で必要な思想だと思われる。

À mon avis, l'écologie est une idéologie nécessaire pour le monde entier.

話す・聞く

7. 保育所がない。あった**としても**、費用が高い。

La construction「〜ない。〜たとしても、…。」est utilisée pour indiquer que「…」est une conséquence naturelle de「〜ない」, de la même manière que「〜ないから…。」.「〜たとしても」a la même signification que「たとえ〜たとしても…」, et indique que, même si「〜」est admis dans une certaine mesure, le résultat introduit est「…」.

① 村には電気はなかった。ろうそくはたとえあったとしても高価でとても買えなかった。[だから、夜は勉強ができなかった]

Il n'y avait pas d'électricité dans le village. Même s'il y avait des bougies, je ne pouvais pas les acheter à cause de leur prix élevé. [C'est pourquoi je ne pouvais pas étudier la nuit.]

② そのホテルにはぜひ一度夫婦で泊まってみたいのですが、希望の土曜日になかなか予約が取れません。土曜日に予約が取れたとしてもシングルの部屋しか空いていないのです。[だから、泊まれません]

Ma femme et moi, nous aimerions dormir dans cet hôtel au moins une fois, mais on ne peut pas réserver le samedi que nous souhaitons. De toute manière, même si on pouvait réserver, il n'y a que des chambres pour une personne qui sont disponibles. [Donc, on ne peut pas y séjourner.]

③ パワーポイントで作成したファイルを受け取ったのですが、開くことができなかったり、開いたとしても内容が読み取れません。[だから、困っています]

J'ai reçu des fichiers créés par PowerPoint, mais soit je n'arrive pas les ouvrir, soit même si je réussis à les ouvrir, je ne peux pas les lire. [Donc cela m'ennuie.]

8. これでは子どもを産**もう**にも産**めない**と思うのですが。

La construction「～（よ）うにも…ない」a la même signification que「～したいのだが、…することができない」.

① 上司や同僚がまだ仕事をしているので、帰ろうにも帰れない。

   Mes supérieurs et mes collègues travaillent encore. Donc, je ne peux pas rentrer même si j'en ai envie.

② パスワードが分からないので、データを見ようにも見られない。

   Comme je ne connais pas le mot de passe, je ne peux pas regarder les données même si j'aimerais bien.

9. お年寄りだけの家庭では負担の**わりに**受ける恩恵が少ない。

「～わりに…」signifie que « ... n'est pas autant que ce qui est imaginé par「～」».

① 映画「王様のスピーチ」はタイトルのわりにはおもしろかった。

   Le film « Le discours d'un roi » était plus intéressant que le suggère le titre.

② この王様は幼い頃、いじめられたわりにはまっすぐな性格をしている。

   Ce roi a un caractère plus franc que ce qu'on pouvait imaginer à cause des brimades dont il était victime pendant son enfance.

10. 希望する人は全員保育所に入れるようにする**べき**です。

```
V forme dictionnaire
A くある              + べきだ
N・Aな である
```

「～べきだ」est utilisé pour indiquer que « naturellement il faut「～」». Cette affirmation est plus emphatique que「～したほうがいい」.

① 豊かな国は貧しい国を援助するべきだ。

   Les pays riches doivent aider les pays pauvres.

② 子どもの前で夫婦げんかをすべきではない。

   Les parents ne doivent pas se disputer devant leurs enfants.

③ もう少し早く家を出るべきだった。電車に乗り遅れてしまった。

   J'aurais dû partir de chez moi plus tôt. J'ai raté mon train.

Sa forme négative est「～べきではない」. Notons que la forme「～ないべきだ」n'existe pas.

④ 友人の秘密を他人に {○話すべきではない・×話さないべきだ}。

   Il ne faut pas répéter aux autres le secret d'un ami.

Cette construction ressemble à 「〜なければならない」 mais leurs utilisations se distinguent par les points suivants :

a. S'il s'agit de faits prescrits par la loi, uniquement 「なければならない」 est possible.

⑤ 義務教育の年齢の子どもを持つ親は、子どもを学校に {○通わせなければならない・×通わせるべきだ}。

Les parents ayant un enfant en âge d'être scolarisé doivent envoyer leur enfant à l'école.

b. 「べきだ」 convient mieux lorsqu'on exprime un conseil à son auditeur.

⑥ 大学生のうちに、M. ヴェーバーの『職業としての学問』を {○読むべきだ・?読まなければならない}。

Il faut que vous lisiez « La vocation de savant » de Max Weber pendant que vous êtes étudiant.

Dans cet exemple, avec 「なければならない」, la phrase signifie que les étudiants d'université ont une obligation de lire ce livre, ce qui est différent de 「べきだ」 qui implique une croyance du locuteur que l'étudiant devrait lire ce livre.

11. 育児休暇が取りやすいように、**というより**、みんなが取らなければならないように法律で縛ればいいんじゃないでしょうか。

forme neutre
なA
N   －だ   ＋   というより

「〜というより、…」 est utilisé lorsque le locuteur rectifie ce qu'il vient de dire 「〜」 et propose 「…」 comme une expression plus appropriée.

① 治す医療、というより、人間がもともと持っている回復する力に働きかける医療が求められている。

Plutôt qu'une médicine pour guérir, on cherche une médicine qui se base sur la capacité de récupération naturelle des Hommes.

② ゴッホにとって絵は、描きたいというより、描かなければならないものだった。

Pour Van Gogh, la peinture n'est pas ce qu'il veut faire, mais ce qu'il doit faire.

③ 歴史を学ぶことは、過去を知るというより、よりよい未来を築くためなのです。

Apprendre l'histoire n'est pas tant pour connaître le passé mais plutôt pour construire un meilleur avenir.

Leçon 23

読む・書く

1. 一度失敗すると、あとのつけは数百年**に及ぶ**可能性がある。

「〜に及ぶ」est utilisé pour indiquer que ce qui est exprimé par le sujet de la phrase s'étend jusqu'à「〜」.

① 害虫による松の被害は県内全域に及んでおり、元の状態に回復するにはかなりの時間がかかるだろう。

Le dégât provoqué par les insectes sur les pins s'étend à l'ensemble de la préfecture et il faudra beaucoup de temps pour que les arbres retrouvent leur état initial.

② 2004年の大津波の被害はインドネシアからインドの海岸にまで及んだ。

Les dégâts causés par le grand raz-de-marée de 2004 s'étendent de l'Indonésie jusqu'à la côte indienne.

③ 議論は国内問題にとどまらず国際問題にまで及び、今回の会議は非常に実りのあるものとなった。

La discussion ne s'est pas limitée aux questions nationales mais s'est étendue aux questions internationales, ce qui a rendu la réunion très fructueuse.

2. 一度失敗すると、あとのつけは数百年に及ぶ**可能性がある**。

Cette expression signifie「『…』が起きる可能性がある」.

① あの学生は基礎的な学力があるし、努力家だから、これから大きく伸びる可能性がある。

Cet étudiant possède une grande base de connaissances scolaires et c'est un grand travailleur. Il a donc le potentiel pour faire de grands progrès à l'avenir.

② 携帯電話は非常時の連絡に便利だが、場所によってはかからなくなる可能性もある。

Le téléphone portable est pratique pour communiquer en cas d'urgence, en revanche il est possible de ne pas pouvoir téléphoner dans certains endroits.

3.「コモンズの悲劇」という有名な言葉がある。**この**言葉は地球の環境と人間活動を考える上でとても重要な意味をもつようになってきた。

この ＋ N

Lorsque l'on reprend le mot ou la phrase déjà mentionné en donnant une nouvelle appellation,「この」est utilisé, mais non pas「その」. Dans cette situation,「この」est suivi d'un nom contenant une certaine information en soi tel que「言葉」、「表現」、「言い方」、「ニュース」et「知らせ」, et la construction「〜という N」est possible.

① 「生きるべきか死ぬべきかそれが問題だ」。この言葉はシェークスピアの『ハムレット』に出てくるものだ。

« Être ou ne pas être, telle est la question. » Cette phrase apparaît dans « Hamlet » de Shakespeare.

② 「本店は来月いっぱいで閉店します」。この発表を聞いたとき、大変驚いた。

« La maison mère sera fermée à la fin du mois prochain. » Quand j'ai entendu cette annonce, j'étais vraiment surpris.

③ 「ワールドカップ2010でスペインが優勝した」。このニュースを私は病院で聞いた。

« L'Espagne a remporté la coupe du monde 2010. » J'ai entendu cette nouvelle à l'hôpital.

4. 「コモンズの悲劇」という言葉は地球の環境と人間活動を考える**上で**重要な意味をもつ。

V forme dictionnaire／V た -forme ＋ 上で

(1) La construction「forme dictionnaire＋上で」introduit ce qui est nécessaire ou important pour effectuer l'action mentionnée.

① お見舞いの品を選ぶ上で、気をつけなければならないことはどんなことですか。

Lorsqu'on choisit un cadeau à offrir quand l'on visite une personne malade, à quel genre de chose faut-il faire attention ?

② 今回の災害は今後の防災を考える上で、非常に重要なものとなるにちがいない。

Le dernier désastre va certainement jouer un rôle important dans la réflexion sur la prévention des sinistres futurs.

③ 新しい会社をつくる上で、この会社で得た経験が役に立つと思います。

Je pense que l'expérience que j'ai eue dans cette entreprise me servira au moment de la création d'une nouvelle entreprise.

④ 値段を決める上で、最も重要なのは製品のコストだ。

Ce qui est le plus important dans la décision du prix d'un produit est son coût de production.

⑤ 人間が成長する上で、愛情は欠かせないものだ。

Dans le processus de développement humain, l'affection est indispensable.

⑥ 論文を読む上で大切なことは、筆者の意見をそのまま受け入れるのではなく、常に批判的に読むことである。

Ce qui est le plus important lorsqu'on lit un article académique, c'est de lire en gardant constamment son esprit critique en veillant à ne pas accepter l'opinion de l'auteur sans réfléchir.

(2) La construction「Vた-forme＋上で」introduit une action qui est effectuée après l'accomplissement d'une autre action mentionnée précédemment.

⑦ 次回の授業には、この論文を読んだ上で参加してください。

Pour assister au prochain cours, il faut avoir lu cet article.

5. 地球環境を制御するシステムの理解が深まる**につれて**、無数の解決策が見えてくるであろう。

N
V forme dictionnaire } ＋ につれて

「〜につれて…」signifie « lorsqu'il y a un changement dans un événement「〜」, un changement correspondant「…」se produit ».

① 日本語が分かってくるにつれて、日本での生活が楽しくなった。

Au fur et à mesure que je comprenais le japonais, ma vie au Japon est devenue plus agréable.

② あのとき謝ったけれど、時間が経つにつれて、腹が立ってきた。

Je me suis excusé à ce moment-là, mais au fur et à mesure que le temps passait, j'ai commencé à ressentir de la colère.

③ 調べが進むにつれて、事実が明らかになると思われる。

La vérité sera révélée en même temps que les avancements de l'enquête.

④ 子どもの成長につれて、家族で過ごす時間が減ってきた。

Au fur et à mesure que les enfants grandissent, le temps passé en famille diminue.

話す・聞く

6. 悲しい**ことに**、インドネシアには絶滅の恐れのある鳥類が141種もいます。

La construction「い-adjectif・な-adjectif＋ことに、〜」indique le sentiment ou l'appréciation du locuteur ou du scripteur à l'égard de l'ensemble de la phrase. Elle peut être remplacée par「〜ことは い-adjectif・な-adjectif（ことだ）」. Cette construction peut être associée avec un verbe, mais seulement avec un certain nombre de verbes tels que「困った」ou「驚いた」.

① おもしろいことに、メキシコとエジプトは遠く離れているにもかかわらず、同じようなピラミッドが造られている。

Curieusement, bien que le Mexique et l'Egypte soient éloignés, le même type de pyramides a été construit.

② 残念なことに、オリンピックから野球がなくなった。

Malheureusement, le baseball a été exclu des jeux Olympiques.

③ 驚いたことに、40年ぶりに訪ねた故郷の小学校がなくなっていた

Lorsque je suis retourné dans ma ville natale pour la première fois après 40 ans, j'ai voulu visiter l'école primaire, mais à ma grande surprise, elle n'était plus là !

7. インドネシアには絶滅の**恐れのある**鳥類が141種もいます。

「恐れがある」signifie qu' « il y a une possibilité que quelque chose de mauvais se produise ». Lorsque cette expression qualifie un nom, elle peut prendre aussi bien la forme「恐れがある N」que「恐れのある N」.

① 台風13号は九州に上陸する恐れがあります。

Le typhon n°13 risque d'atteindre l'île de Kyushu.

② やけどの恐れがありますから、この機械に絶対に触らないでください。

Comme il y a un risque de brûlure, veuillez ne jamais toucher cette machine.

8. ブナ林のすばらしさは言う**までもありません**。

「V forme dictionnaire ＋までもない」signifie « c'est tellement évident qu'il n'est pas nécessaire de faire「〜」».

① 彼女の返事は聞くまでもない。イエスに決まっている。

Je n'ai pas besoin d'écouter sa réponse ; ce sera forcément « oui ».

② 彼の息子なら大丈夫だろう。会うまでもないさ。

Si c'est son fils, je suis sûr qu'il n'y aura pas de problème. Je n'ai nul besoin de le rencontrer.

9. 東北へ旅行に行ったとき、白神山地でクマゲラと偶然出合ったのです。それ**が****きっかけで**、クマゲラと森について考えるようになりました。

N をきっかけに
N がきっかけで

「〜がきっかけで／〜をきっかけに、V」signifie «「〜」est utilisé comme une occasion pour commencer à faire V ou devenir N ».

① 小学生の頃プラネタリウムを見たことがきっかけで、宇宙に興味を持つようになった。

C'est une visite au planétarium quand j'étais écolier qui m'a amené à m'intéresser à l'espace.

② 今回のビル火災をきっかけに、各階にスプリンクラーの設置が義務づけられた。

À la suite du dernier incendie du bâtiment de bureaux, l'installation d'un extincteur automatique à eau à chaque étage est devenue obligatoire.

③ 通学の電車で彼女の落とし物を拾ってあげました。それをきっかけに話すようになり、今では大切な親友の一人です。

J'ai ramassé un objet qu'elle avait fait tomber dans le train pour aller à l'école. C'est à cette occasion que nous avons commencé à parler, et maintenant elle est une de mes meilleures amies.

10. 白神山地にはクマゲラ**をはじめ**、多種多様な動植物が見られます。

N ＋ をはじめ

「〜をはじめ」indique le premier élément dans la série d'énumération.

① カラオケをはじめ、ジュードー、ニンジャなど、世界共通語になった日本語は数多くある。

Il y a beaucoup de mots japonais qui sont devenus des mots universels, comme karaoke, mais aussi judo, ninja...

② 世界には、ナスカの地上絵をはじめ、ネッシー、バミューダ・トライアングルなどいまだ多くの謎が存在する。

Il y a encore beaucoup de mystères dans le monde, comme les géoglyphes de Nazca, mais aussi le monstre du Loch Ness, le Triangle des Bermudes...

③ 市長をはじめ、皆様のご協力で今日のこの日を迎えることができました。

Nous avons le plaisir de voir cette journée se dérouler grâce au Monsieur le maire, mais également à la collaboration de vous tous.

Leçon 24

> 読む・書く

1. 世の中には型にあら**ざる**ものはない、といってもいいすぎではない。

「V <s>ない</s> ＋ざる N」est une forme archaïque de「V ない」quand elle détermine un nom.

① 歴史にはまだまだ知られざる事実があるはずだ。

　　Il doit encore y avoir des faits historiques inconnus.

② 「見ざる、聞かざる、言わざる」は一つの生き方を示している。

　　« Ne rien voir, ne rien entendre, ne rien dire » indique un principe de vie.

Cette forme archaïque se trouve dans les expressions figées. Son utilisation est donc limitée aux expressions suivantes (en plus, ces formes ne sont pas très courantes).

・〜にあらざる（〜ではない）
・欠くべからざる（欠かせない、不可欠な）
・知られざる（知られていない）

2. 上は宗教**から**、芸術**から**、生活**に至るまで**、型にはまってないものは一つとしてありません。

L'expression「〜から〜に至るまで…」est utilisée pour indiquer que「…」s'applique à tous les éléments qui se trouvent entre deux extrémités citées auparavant.

① 自転車のねじから人工衛星の部品に至るまで、どれもこの工場で作っています。

　　Des vis pour bicyclette jusqu'aux pièces pour satellite, toutes ces choses sont fabriquées dans cette usine.

② クラシックから J-pop に至るまで、当店ではどんなジャンルの音楽でもご用意しております。

　　Notre magasin vous propose tous genres de musique, du classique jusqu'au J-Pop.

3. その竹の一片に彼の肉体と精神をまかせ**きった**ことと思います。

「〜きる」a la même signification「完全に〜する」. Par ailleurs,「verbe d'action ＋きる」signifie「最初から最後まで〜する」comme l'exemple ①.

① 彼はマラソンで 42.195km を走りきった。

　　Il a accompli 42.195km au marathon.

② 赤ちゃんは安心しきった表情で母親の胸で眠っている。

　　Le bébé dort sur la poitrine de sa mère d'une manière parfaitement paisible.

③ 山本さんは疲れきった顔で座り込んでいる。

　　M. Yamamoto est avachi sur sa chaise d'air épuisé.

4. それは、しかし天才ならぬ我々にとって、唯一の、利休へ近づく道であります。

「Vない＋ぬ N」est la forme de détermination du nom de「Vない」. En particulier,「N₁ならぬ N₂」a la même signification que「N₁ではない N₂」.

① それが、永遠の別れになるとは、神ならぬ私には、予想もできなかった。

N'étant pas un dieu, je ne pouvais pas imaginer que cela était notre dernier adieu.

② いつか宇宙に行きたいと思っていたが、それがついに夢ならぬ現実となった。

Je rêvais d'aller dans l'espace un jour, mais cela est enfin devenu la réalité et non plus uniquement un rêve.

5. なんでも型にはめさえすれば、間違いは、おこり得ないのです。

```
N
Vます -forme  －ます  ⎫
Vて -forme          ⎬ ＋ さえ…ば
いA  －い → くさえあれば
なA ⎫
N   ⎬ －だ ＋ でありさえすれば
```

「～さえ…ば、…」a la même signification que「～が満たされれば、それだけで…には十分だ」(condition suffisante). Par exemple,「この薬を飲みさえすれば、治りますよ。」a la même signification que「この薬を飲めば、他のことは何もしなくても治る」.

① 非常用として3日分の水と食料を蓄えておきさえすれば、あとは何とかなる。

Tant que l'on fait des réserves d'eau et de nourriture pour 3 jours pour les cas d'urgence, on s'en sortira pour le reste.

② このグラウンドは、市役所に申し込みさえすれば、誰でも使えます。

Tout le monde peut utiliser ce terrain de sport. Il suffit d'en faire la demande à la mairie.

③ 家族が健康に暮らしてさえいれば、十分に幸せです。

Je suis amplement heureux tant que ma famille vit en bonne santé.

Les formes avec laquelle「さえ」est attaché sont les suivantes :

a．En cas d'un verbe V : Vます＋さえすれば (ex：読む→読みさえすれば)

b．En cas d'une expression comprenant て-forme d'un verbe V : Vて さえいれば (さえくれば…) (ex：読んでいる→読んでさえいれば)

c．En cas d'un い-A : A く さえあれば (ex：おもしろい→おもしろくさえあれば)

d．En cas d'un な-A／N＋だ : な-A／N でありさえすれば (ex：静かだ→静かでありさえすれば、日本だ→日本でありさえすれば)

6. 型にはまってないものは一つ**として**あり**ません**。

Mots commençant par « un » ex. 一日、一時、（誰）一人、（何）一つ ＋ として～ない

「(expression incluant 一) として～ない」a la même signification que「～でないものはない、すべてのものが～だ」.

① 似ている声はありますが、調べてみると同じ声は一つとしてありません。

Il y a des voix qui se ressemblent, mais quand on étudie de plus près, il s'avère qu'il n'y a aucune voix identique.

② 皆が励まし合った結果、一人としてやめたいと言う者はいなかった。

Tout le monde s'est encouragé mutuellement, par conséquent, personne n'a dit vouloir arrêter.

③ 故郷で暮らす母を思わない日は一日としてありません。

Je ne passe pas une journée sans songer à ma mère vivant dans ma ville natale.

7. たった一人で、人跡絶えた山奥にでも住まぬ**以上**、型にはまらないで暮らすわけにはゆきません。

V forme neutre ＋ 以上（は）

「V forme neutre（～）＋以上…」signifie « affirmer/mentionner「…」après avoir confirmé que「～」est la vérité ».

① 相手が「うん」と言わぬ以上、あきらめるしかありません。

Tant que mon partenaire ne veut pas donner son accord, je n'ai pas d'autres choix que d'y renoncer.

② 家賃が払えない以上、出ていくしかない。

Tant que je ne peux pas payer mon loyer, je ne peux pas faire autrement que de partir.

③ 結論が出た以上、実施に向けて計画を進めます。

Maintenant que la conclusion est tirée, nous allons suivre le plan pour la mise en pratique.

8. 面倒くさいきずなを、ズタズタに切りさか**ぬかぎり**、社会人たる私達は、なんといおうと、型にはまらないで暮らすわけにはゆきません。

V ない／ぬ ＋ かぎり

「～ない／～ぬかぎり、…」a la même signification que「～がなければ…はない」.「～ぬ」est une expression archaïque.

① 私が病気にでもならぬかぎり、この店は売りません。

Je ne vendrai jamais ce magasin à moins de tomber malade.

② あきらめないかぎり、チャンスは必ず来ると思う。

Je suis sûr que la chance viendra tant que nous ne nous résignons pas.

③ ご本人の了承がないかぎり、個人情報はご提供できません。

Nous ne pouvons fournir aucun renseignement personnel sans le consentement de la personne concernée.

9. 面倒くさいきずなを、ズタズタに切りさかぬかぎり、社会人たる私達は、なんといおうと、型にはまらないで暮らす**わけにはゆきません**。

V forme dictionnaire ／ V ない -forme ＋ わけにはい（ゆ）きません

「〜わけにはい（ゆ）かない」signifie « Faire「〜」est inacceptable/impossible ».「わけにはいかない」est, également, souvent utilisé avec l'expression「〜（だ）から／〜くて」indiquant la raison.

① どんなに生活に困っても、子どもの学費のために貯金してきたこのお金を使うわけにはいかない。

Même si nous avons des difficultés pour joindre les deux bouts, il est hors de question d'utiliser nos économies qu'on a épargnées pour la scolarité de notre enfant.

② 遅刻も1回、2回なら許してもいいが、3回も4回も重なると許すわけにはいかない。

Je peux tolérer un ou deux retards, mais quand cela se répète plus de 3 ou 4 fois, ce n'est plus tolérable.

③ 失業中だからといって、親に頼るわけにはいかない。

Même si je suis au chômage, il est hors de question d'être dépendant de mes parents.

10. 本人にはちっとも型をつくる気はなかったのに、その人々が利休をしのぶ**あまりに**、茶道の型をでっち上げたのです。

N のあまり [に]
V forme dictionnaire ＋ あまり [に]

「forme neutre → V forme dictionnaire ／ N ＋ の ＋ あまり（に）…」a la même signification que「とても〜で、その結果…（てしまう）」.

① 子どものことを心配するあまり、つい電話をしては嫌がられている。

Je suis tellement inquiet pour mon enfant que je ne peux pas m'empêcher de lui téléphoner et il dit que cela l'embête...

② ダイエットに励むあまり、病気になった。

À force d'être au régime de manière trop stricte, je suis tombé malade.

③ 彼は驚きのあまりに、手に持っていたカップを落としてしまった。

Il était tellement surpris qu'il a fait tomber la tasse qu'il tenait dans sa main.

Points clés d'apprentissage

（＊）Les points de grammaire présentés dans « lire et écrire » et « parler et écouter » sont classés en deux parties : points pour la compréhension et points pour la production.

Leçon	読む・書く (Lire et écrire)	話す・聞く (Parler et écouter)
Leçon 13 Objectifs	ゲッキョク株式会社 (Gekkyoku SA) -lire un essai. -saisir les sentiments de l'auteur qui changent avec le temps.	勘違いしてることってよくありますよね (Les quiproquo arrivent souvent, n'est-ce pas ?) -tenir une conversation informelle dans des situations sociales courantes. - raconter une anecdote.
Points pour la compréhension	1．〜たて 2．たとえ〜ても 3．〜たりしない	5．…んだって？
Points pour la production	4．〜ほど	6．〜ながら 7．つまり、…という/ってことだ 8．…よね。
Leçon 14 Objectifs	海外で日本のテレビアニメが受けるわけ (Pourquoi les dessins animés télévisés japonais sont-ils populaires à l'étranger ?) -lire un commentaire. -lire en cherchant les raisons. -saisir le lien entre deux choses.	謎の美女と宇宙の旅に出るっていう話 (Histoire d'un voyage dans l'espace avec une femme mystérieuse) -raconter une histoire. -inciter quelqu'un à parler. -réagir avec empathie et exprimer sa réaction.
Points pour la compréhension	1．〜際 2．〜といった 3．〜に（も）わたって	10．…っけ？ 11．〜げ
Points pour la production	4．〜うちに 5．〜にとって 6．〜とは	

	7．〜において 8．…わけだ 9．…のではないだろうか	
Leçon 15	働かない「働きアリ」 (Les « fourmis ouvrières » qui ne travaillent pas)	イルワンさんの右に出る人はいないということです (Il paraît qu'il n'y a personne de meilleur qu'Ilwan.)
Objectifs	-lire un texte explicatif. -lire un texte présentant des conditions et des résultats.	-continuer son histoire, terminer son histoire. -faire un compliment, parler avec modestie.
Points pour la compréhension	1．…という 2．〜たびに	7．…ほどのものじゃない 8．〜だけでなく
Points pour la production	3．〜に関（かん）する 4．…わけではない 5．…のではないか 6．…のだ（reformulation）	9．〜といえば
Leçon 16	個人情報流出（こじんじょうほうりゅうしゅつ） (Fuite d'information personnelle)	不幸中の幸（ふこうちゅう さいわ）いだよ (Ça aurait pu être pire.)
Objectifs	-lire un article de journal (extrait des pages des faits de société). -saisir rapidement le sommaire d'un texte. -comprendre les liens entre les faits.	-parler de son amère expérience. -consoler, donner du courage.
Points pour la compréhension	1．〜に応（おう）じる・〜に応じて 2．〜によって 3．〜とみられる 4．…としている	8．あんまり…から
Points pour la production	5．〜にもかかわらず 6．…とともに 7．〜たところ	9．…ところだった 10．〜に限（かぎ）って

157

Leçon 17	暦(こよみ) (Calendriers)	もうお兄(にい)ちゃんだね (Tu es déjà un grand garçon, hein ?)
Objectifs	-lire un commentaire. -comprendre les anecdotes sur les faits.	-utiliser les termes appropriés pour s'adresser à un destinataire. -utiliser le registre approprié en fonction du destinataire.
Points pour la compréhension	1．〜からなる 2．〜としては 3．〜上(じょう) 4．〜により	7．〜てはじめて 8．〜ったら
Points pour la production	5．〜ことから 6．〜ざるを得(え)ない	9．〜にしては 10．…からには 11．〜でしょ。
Leçon 18	鉛筆削(えんぴつけず)り（あるいは幸運(こううん)としての渡辺(わたなべ)昇(のぼる)①） (Taille crayon (ou Watanabe Noboru comme bonne fortune ①))	あなたこそ、あの本の山はいったい何(なん)なの！ (Et toi alors ? Qu'est-ce que c'est cette pile de livres !)
Objectifs	-lire un roman. -avoir le plaisir d'interpréter librement le roman, en suivant les actions et les sentiments des personnages.	-se plaindre ou répliquer. -restaurer une relation en s'excusant, en acceptant l'argument de l'autre…
Points pour la compréhension		4．〜た 5．だって、…もの。 6．〜たところで
Points pour la production	1．…に違(ちが)いない 2．〜に比(くら)べて 3．…ものだ・ものではない	7．〜だって 8．〜こそ

Leçon 19	ロボットコンテスト 　　　－ものづくりは人づくり－ (Concours de robotique – C'est en fabriquant des choses que les hommes se développent–)	ちょっと自慢話になりますが (Ce n'est pas pour me vanter mais...)
Objectifs	-comprendre ce que veut dire l'auteur en saisissant les faits et les évaluations. -saisir précisément l'opinion de l'auteur.	-faire un récit sur l'expérience ou l'impression... -improviser un discours dans une réunion.
Points pour la compréhension	1．〜を対象に 2．〜ばかりでなく	8．決して〜ない
Points pour la production	3．〜にほかならない 4．〜を通して 5．〜から〜にかけて 6．〜はともかく 7．〜ためには	
Leçon 20	尺八で日本文化を理解 (Comprendre la culture japonaise à travers shakuhachi)	なぜ、日本で相撲を取ろうと思われたのですか (Qu'est-ce qui vous a amené à faire du sumo au Japon ?)
Objectifs	-lire un article de journal (extrait de la rubrique Culture). -connaître la personne en question à travers son profil.	-faire une interview. -réfléchir sur la façon dont se déroule l'interview. -comprendre de quel genre de personne il s'agit à travers l'interview.
Points pour la compréhension	1．〜のもとで 2．そう 3．…ぞ。 4．…と同時に	9．〜をこめて 10．〜ば〜だけ
Points pour la production	5．〜しかない 6．〜の末 7．〜て以来 8．…くらい	11．〜たとたん（に） 12．〜からといって

Leçon 21	日本の誇り、水文化を守れ (Préservez la culture de l'eau, fierté du Japon)	発表：データに基づいてお話ししたいと思います (Exposé oral : Ma présentation orale sera basée sur des données.)
Objectifs	-lire un texte où l'opinion est affirmée. -comprendre l'argument de l'auteur à partir de son raisonnement et des exemples concrets.	-faire un discours pour transmettre une information en se basant sur des données. -expliquer en utilisant les graphiques.
Points pour la compréhension	1．〜もせずに 2．〜といえども 3．よほど〜でも 4．いかに〜か	
Points pour la production	5．…とか。 6．〜に言わせれば	7．〜に基づいて 8．〜と言える 9．一方（で） 10．〜に限らず
Leçon 22	私の死亡記事 (Ma nécrologie)	賛成！ (Je suis d'accord !)
Objectifs	-lire et comprendre le contenu d'une lettre (lettre de demande). -comprendre la vision de l'auteur concernant la mort (vision de la vie et de la mort).	-apprendre les techniques pour échanger des opinions dans une discussion.
Points pour la compréhension	1．〜次第だ 2．〜をもって…とする	7．〜としても 8．〜（よ）うにも〜ない 9．〜わりに
Points pour la production	3．〜においては 4．〜うる 5．…のであろう 6．〜と思われる	10．〜べきだ 11．〜というより

Leçon 23	コモンズの悲劇 (La tragédie des biens communs)	スピーチ：一人の地球市民として (Discours : en tant qu'un citoyen de la Terre)
Objectifs	-lire un article académique. -comprendre l'argument de l'auteur.	-faire un discours devant un public. Devant un certain nombre d'auditeurs. -expliquer son point de vue clairement.
Points pour la compréhension	1．〜に及ぶ 2．…可能性がある	6．〜ことに 7．〜恐れのある／がある 8．〜までもない
Points pour la production	3．この〜 4．〜上で 5．〜につれて	9．〜がきっかけで・〜をきっかけに 10．〜をはじめ
Leçon 24	型にはまる (être conforme à la traduction)	好奇心と忍耐力は誰にも負けないつもりです (Concernant la curiosité et la persévérance, je pense que je suis sans égal.)
Objectifs	-lire un essai. -comprendre l'argument de l'auteur. -faire des comparaisons en lisant.	-passer un entretien d'embauche. -insister sur ses attraits. -parler en détail à propos de sa spécialisation.
Points pour la compréhension	1．〜ざる〜 2．〜から〜に至るまで 3．〜きる 4．〜ならぬ〜	
Points pour la production	5．〜さえ〜ば 6．〜として〜ない 7．〜以上（は） 8．〜ないかぎり 9．〜わけにはいかない／ゆかない 10．〜あまり（に）	

Troisième partie

Notes grammaticales supplémentaires

(※「〜」indique une locution ou un nom、「……」indique une phrase.)

1. S'exprimer avec des particules composées (locutions équivalentes aux particules, composées de plus de 2 mots)

1−1 Citer des exemples similaires

1) **〜にしても** implique qu'il y a des exemples similaires en plus de「〜」.

① 奥様にしてもご主人がノーベル賞を受賞するとは当日まで知らなかったということです。

Il paraît que même l'épouse ne savait pas que son mari recevrait le prix Nobel jusqu'au jour même.

② オーストラリアでは水不足が続いているので、風呂の水ひとつにしても使う量が制限されているらしい。

En Australie, comme le manque d'eau persiste, il paraît que la restriction d'eau est appliquée même pour prendre un bain.

2) **〜でも〜でも……** indique que tout ce qui appartient à cette catégorie est「……」, exemplifié par「〜」.

① ワイン買ってきて。赤でも白でもいいけどイタリアのワインね。

Tu peux aller acheter du vin ? Du rouge ou du blanc, peu importe. Pourvu que ce soit du vin italien.

② 彼は中国語でも韓国語でも理解できる。

Il comprend aussi bien le chinois que le coréen.

3) **〜といい〜といい、……** indique que「……」s'applique à tous, y compris「〜」et「〜」.

① 姉といい兄といい、みんな会社員になってしまった。父の店を守るのは私以外にいない。

Ma grande sœur, mon grand frère... ils sont tous les deux devenus salariés d'une entreprise. Il n'y a donc que moi pour m'occuper du magasin de mon père.

② ここは、味といいサービスといい、最高のレストランだ。

Ici, c'est un excellent restaurant, aussi bien du point de vue de la cuisine que du service.

4) **〜というような／といったような／といった……** citent「〜」comme un exemple de「……」.

① 私は金閣寺というような派手なお寺より、三千院といったような地味なお寺のほうが好きだ。

Je préfère les temples sobres comme Sanzen-in aux temples somptueux comme Kinkakuji.

② 医師からの説明は、入院前、手術前、手術後といった段階で丁寧にいたします。

Le médecin prendra soin d'expliquer les choses en trois temps, à savoir l'avant-hospitalisation, l'avant-opération et l'après-opération.

③ 移民を受け入れるには、彼らの人権をどのように守るのかといったような問題を解決しなければならない。

Pour accueillir les immigrants, il faut résoudre les problèmes, tels que la question de protection des droits de l'homme.

5) 〜にしても〜にしても／〜にしろ〜にしろ／〜にせよ…… indiquent que「〜」est un exemple de「……」impliquant que tous les exemples sont「……」. Lorsque cette expression est utilisée avec un pronom interrogatif, elle signifie「……」. Lorsqu'elle est utilisée en répétition, la signification est「〜の場合でも、〜の場合でも」.
① ローマにしてもアテネにしても、古代遺跡が多く残る都市では地下鉄をつくるのに時間がかかる。
Que ce soit Rome ou Athènes, dans les villes où les vestiges antiques sont nombreux, la construction du métro nécessite beaucoup de temps.
② この先生のゼミに入るためには、中国語にしろ、韓国語にしろ、アジアの言葉を最低1つ勉強しなければならない。
Pour entrer dans le groupe de séminaire de ce professeur, il faut étudier au moins une langue asiatique telle que le chinois ou le coréen.
③ 何を食べるにせよ、栄養のバランスを考えることが必要だ。
Peu importe ce qu'on mange, il est nécessaire de penser à l'équilibre nutritionnel.
④ 出席するにせよ、欠席するにせよ、返事をメールで知らせてください。
Que vous soyez présent ou non, merci de nous donner la réponse par mail.

1－2　Donner un exemple extrême

1) 〜さえ…… indique que「〜」est un exemple extrême de「……」, ce qui implique qu' à part「〜」, le reste est「……」.
① この病気のことは家族にさえ相談できない。
Je ne peux parler de cette maladie à personne, pas même à ma famille.
② あの当時はお金がなくて、インスタントラーメンさえ買えなかった。
À cette époque-là, je n'avais pas du tout d'argent, même pas pour acheter des nouilles instantanées.

1－3　Limiter quelque chose à un élément

1) 〜は〜にかぎる　＝　〜は〜が一番だ (En parlant de「〜」,「〜」est le meilleur)
① 疲れたときは寝るにかぎる。
Quand on est fatigué, rien ne vaut le sommeil.
② 和菓子は京都にかぎる。
À propos des gâteaux japonais, le meilleur est celui de Kyoto.

1－4　Donner une cause ou une raison

1) 〜とあって……　＝　〜ということを考えると、……のは当然だ (compte tenu de「〜」,「……」est une conséquence normale)
① さすがに大学院生とあって、どの論文を読めばいいか、よく知っている。

Compte tenu du fait qu'il est étudiant en master/doctorat, naturellement il sait très bien quel article il faut lire.

② 水曜日は女性が割引料金で見られるとあって、映画館は仕事帰りの女性ばかりだ。

Le mercredi, les femmes ont un tarif réduit au cinéma, par conséquent, comme on peut s'y attendre, la salle de cinéma est remplie de femmes sortant du travail.

2）〜につき ＝ 〜という事情があるので (Étant donné les circonstances「〜」)

① 工事中につきバス停の場所を移動しました。

L'arrêt de bus a été déplacé pour cause de travaux.

② 来週の月曜日は祝日につき図書館は休館といたします。

La bibliothèque sera fermée lundi prochain à cause du jour de fête nationale.

3）〜ばかりに exprime, en impliquant le sentiment du locuteur, que「〜」est la cause d'une conséquence indésirable.

① 携帯電話を家に忘れてきてしまったばかりに、待ち合わせをした友達に会えなかった。

Tout bonnement parce que j'ai oublié mon téléphone portable chez moi, je n'ai pas pu rencontrer les amis avec qui j'avais rendez-vous.

② 英語ができないばかりに、なかなか就職が決まらない。

Je ne peux toujours pas trouver un emploi pour la simple raison que je ne parle l'anglais.

③ 子どもの病気を治したいばかりに、父親は無理をして働き、とうとう病気になってしまった。

Parce qu'il a travaillé trop dur pour aider son enfant à guérir, il a fini par tomber malade.

1－5 Illustrer par des exemples

1）〜やら〜やら ＝ 〜や〜など

① 急な入院だったので、パジャマやらタオルやらを家に取りに帰る時間もなかった。

Mon hospitalisation étant si urgente, je n'ai même pas eu le temps d'aller chercher mes affaires comme mon pyjama et ma serviette, à la maison.

② 押すやら引くやらいろいろやってみたが、このドアはいっこうに開かない。

J'ai tout essayé, pousser, tirer, etc. mais cette porte ne veut toujours pas bouger.

2）〜も……なら、〜も…… indique que les deux「〜」possèdent le même aspect décrit par「……」.

① 研究者にとって「しつこさ」も長所なら、「あきらめの早さ」も長所だ。場合によって、この２つを使い分ける必要がある。

Si la « ténacité » est une vertu pour un chercheur, « savoir renoncer » est aussi une vertu. Il est nécessaire d'utiliser ces deux selon les cas.

② 医者が１人しかいないクリニックも病院なら、何十もの診療科がある総合病院も病院である。自分の病状に合わせて病院を選ぶことが必要だ。

Si un cabinet avec un seul médecin est un hôpital, une clinique équipée de plusieurs dizaines de services spécialisés est aussi un hôpital. Il est nécessaire de choisir un hôpital approprié en fonction de son état médical.

1－6　Parler avec comparaison ou avec contraste

1）**～と違って……** indique que「……」est différent de「～」.
① 彼女はおしゃべりな姉と違って、無口な女性だ。

À la différence de sa grande sœur qui est bavarde, elle est taciturne.
② 最後の問題はそれまでの問題と違ってかなり難しい。

La dernière question est très difficile contrairement aux questions précédentes.

2）**～のに対して、……** indique que「～」est en contraste avec「……」.
① 東日本で濃い味が好まれるのに対して、西日本では薄味が好まれる。

On aime les saveurs prononcées à l'est du Japon, tandis que les saveurs légères sont préférées à l'ouest du Japon.
② 女性が楽観的なのに対して、男性は悲観的だという調査がある。

Une enquête a révélé que les femmes sont optimistes alors que les hommes sont pessimistes.
③ 都市の人口は増えているのに対して、農村の人口は減ってきている。

Contrairement à la population urbaine qui est en augmentation, la population rurale est en diminution.

3）**～反面** introduit un aspect différent ou opposé de celui qui est présenté「～」.
① 工業の発展は人類の生活を豊かにした反面、美しい自然を破壊することにつながった。

Le développement de l'industrie a rendu la vie humaine prospère, mais d'un autre côté, il a entraîné la destruction de notre belle nature.
② 就職して経済的には落ち着いた反面、自由な時間が少なくなり、読みたい本を読む暇もない。

Je me suis stabilisé financièrement depuis que j'ai commencé à travailler. En revanche, j'ai moins de temps libre et je ne trouve même pas un moment pour lire le livre que j'aimerais lire.
③ 彼女は自信家でプライドが高い反面、傷つきやすく、他人の評価を気にする性格だった。

Elle est pleine de confiance et très fière, mais d'un autre côté, elle est facilement blessée et préoccupée par le jugement des autres.

1－7　Exprimer quelque chose qui doit être fait ou une situation qui est imaginable, s'appuyant sur un certain fait ou une certaine situation

1）**～のだから** mentionne une chose qui doit être faite ou une situation qui doit être concevable s'appuyant sur un certain fait ou une certaine situation.
① 自分で決めたのだから、最後まであきらめずに頑張りなさい。

Puisque vous avez pris vous-même la décision, tenez bon jusqu'au bout sans vous résigner.
② まだ小学１年生なんだから、漢字で書けなくても仕方がない。

Il est encore en première année d'école primaire, donc ce n'est pas grave qu'il ne puisse pas écrire en kanji.

③ 急いでください。時間がないんですから。

Dépêchez-vous. On n'a pas le temps.

2) **〜だけあって** exprime une évaluation (positive) inférée par un certain fait ou une certaine situation.

① 建築家の自宅だけあって、おしゃれで機能的につくられている。

C'est la maison d'un architecte. Donc il est normal qu'elle soit conçue de façon esthétique et fonctionnelle.

② ブランドもののハンドバッグは高いだけあって、品質がいい。

Les sacs à main de grande marque sont de bonne qualité parce que leur prix est quand même élevé.

③ スミスさんは20年以上日本に住んでいるだけあって、日本語はぺらぺらだ。

M. Smith parle couramment le japonais, ce qui se comprend bien puisqu'il habite au Japon depuis plus de 20 ans.

3) **〜だけに** exprime une évaluation (positive ou négative) inférée par un certain fait ou une certaine situation.

① 若いだけに、なんでもすぐに覚えられる。

Comme il est jeune, il peut tout apprendre avec facilité.

② きっと合格すると期待していただけに、不合格の知らせにがっかりした。

Je m'attendais tellement à réussir que j'étais déçue par l'annonce de mon non admission.

1−8 Signifier que la cause ou la raison exprimée est incertaine

1) **〜からか** exprime une cause ou une raison avec incertitude.

① 日曜日の午後だからか、デパートはいつもより込んでいた。

C'est peut-être parce que c'était dimanche après-midi qu'il y avait plus de monde que d'habitude dans le grand magasin.

② 忙しいからか、お金がないからか、最近田中さんがゴルフに来なくなった。

M. Tanaka ne vient plus au golf ces derniers temps : peut-être qu'il est occupé ou qu'il n'a pas les moyens.

③ 昨晩、遅く寝たからか、職場に来てもまだ眠い。

Peut-être parce que je me suis couché tard hier soir, j'ai toujours sommeil alors que je suis déjà au travail.

④ 寝不足からか、一日中、頭が痛かった。

J'avais mal à la tête toute la journée peut-être à cause du manque de sommeil.

2) **〜ためか** exprime une cause ou une raison avec incertitude.

① 大雨のためか、電車のダイヤが大幅に乱れている。

Le trafic des trains est sérieusement perturbé, c'est peut-être à cause des fortes pluies.

② インフルエンザがはやっているためか、病院の待合室は混雑していた。

La salle d'attente de l'hôpital était encombrée, peut-être à cause de l'épidémie de grippe.

＊「ため」peut exprimer le but.
- 李さんは、留学資金を貯めるためか、毎日３時間以上もアルバイトしている。

C'est peut-être pour épargner pour ses études que M.Lee travaille à mi-temps, de plus de 3 heures par jour.

3）〜のか introduit la supposition du locuteur « 〜 est peut-être la cause de ce qui est mentionné » sans certitude.

① 忙しいのか、最近、田中君から連絡が来ない。

M.Tanaka ne me donne plus de ses nouvelles ces derniers temps, peut-être parce qu'il est occupé.

② どこか具合でも悪いのか、朝から渡辺さんは元気がない。

C'est peut-être parce qu'il a un problème de santé que M. Watanabe n'a pas l'air en forme depuis ce matin.

③ 誰かとけんかでもしたのか、娘が学校へ行きたくないと言った。

Ma fille a dit qu'elle ne voulait pas aller à l'école, peut-être qu'elle s'est disputée avec quelqu'un.

1－9 Indiquer la conjonction adversative

1）〜ものの indique que ce qui suit est opposé à ce qu'on peut prévoir et attendre.

① 一生懸命頼んでみたものの、結局引き受けてはもらえなかった。

J'ai demandé avec autant de ferveur que je pouvais, en vain. On n'a pas accepté ma demande.

② たまには家族で旅行したいものの、忙しくて計画も立てられない。

J'ai envie de voyager en famille occasionnellement, mais je suis tellement occupé qu'il m'est impossible de me projeter.

③ 市内から空港までは、数は少ないものの、バスの直行便がある。

Il y a des bus directs depuis le centre-ville jusqu'à l'aéroport, même s'ils ne sont pas très fréquents.

2）〜とはいうものの indique que ce qui vient d'être mentionné est différent de la réalité.

① 株式会社とはいうものの、社員は５人しかいない。

Bien que cette société se présente comme une société anonyme, il n'y a que cinq employés.

② 「酒は百薬の長」とはいうものの、飲み過ぎは健康に悪い。

Bien qu'on dise que « l'alcool est le meilleur remède », l'excès de consommation est mauvais pour la santé.

③ 退院したとはいうものの、まだときどき痛みがある。
   Je suis sorti de l'hôpital. Toutefois, j'ai encore des douleurs occasionnelles.

3) **〜どころか** indique que la réalité s'avère complètement différente de la prévision ou l'opinion qui vient d'être exprimées.
   ① 夕方になっても雨は止むどころか、ますます激しくなった。
   Même en fin de la journée, la pluie ne cesse pas, au contraire, il pleut de plus en plus fort.
   ② コンサートには観客が100人くらいは来るだろうと思っていたが、100人どころか20人しか来なかった。
   Nous attendions environ 100 spectateurs au concert, mais pas autant de personnes ne sont venues, il n'y avait que 20 personnes.
   ③ コンサートには観客が100人くらいは来るだろうと思っていたが、100人どころか200人も来た。
   Nous attendions environ 100 personnes comme spectateurs au concert, mais au lieu d'avoir 100 personnes, il y avait même 200 personnes qui sont venues.

4) **〜くせに** indique que le locuteur exprime un reproche ou un mécontentement envers une personne car celle-ci fait le contraire de ce qu'on pourrait attendre de la capacité, de la caractéristique, etc.
   ① 兄は自分では料理が作れないくせに、いつも他の人が作った料理に文句を言う。
   Mon grand frère ne sait pas cuisiner, mais il se permet toujours de se plaindre de la cuisine des autres.
   ② 田中さんは、明日試験があることを知っていたくせに、教えてくれなかった。
   M. Tanaka savait qu'il aurait un examen demain mais il ne me l'a pas dit.
   ③ 弟は、まだ未成年のくせに、お酒を飲もうとして叱られた。
   Mon petit frère a été réprimandé parce qu'il tentait de boire de l'alcool alors qu'il est encore mineur.

5) **〜といっても** est utilisé pour préciser que ce qui vient d'être exprimé est de moindre degré.
   ① 英語が話せるといっても、日常会話に困らない程度です。
   Même si je dis que je parle anglais, en fait j'ai juste le niveau minimum pour avoir une conversation de tous les jours.
   ② 東京でも毎年、雪が降る。降るといっても数センチ積もる程度だが。
   Il neige tous les ans à Tokyo. Enfin, quand je dis qu'il neige, en fait, il neige seulement quelques centimètres.
   ③ 社長といっても、社員10人ほどの小さな会社の社長なんです。
   Malgré son titre de PDG, il est juste PDG d'une petite entreprise de 10 employés.

6) **〜にしろ／にせよ** signifie « même si ce qui vient d'être dit est vrai ».
   ① 病院へ行くほどではないにしろ、風邪をひいて体がだるい。

J'ai attrapé un rhume et je me sens las, bien que ce ne soit pas assez grave pour aller à l'hôpital.

② ほんの短い期間であったにせよ、海外で一人暮らしを経験できたことはよかった。

Je suis content d'avoir vécu seul à l'étranger même pour une période très courte.

1－10 Indiquer des conditions

1）〜ては indique qu'un résultat indésirable se produit si une certaine situation est réalisée (et suggère qu'il vaut mieux éviter une telle situation).

① 全員が参加しては、会場に入りきれなくなる。

Si tout le monde participe, on ne pourra pas entrer dans la salle de réunion.

② 全員が協力しなくては、パーティーは成功しません。

Il faut que tout le monde collabore pour que la fête soit une réussite.

③ あわてては、普段できることも失敗しますよ。落ち着いてください。

Si vous vous précipitez, vous n'allez même pas réussir à faire ce dont vous êtes capable d'habitude. Gardez votre sang froid.

　＊ Cette forme signifie aussi la répétition de l'action.

　　・手紙を何度も書いては直した。

　　　J'ai écrit et j'ai corrigé la lettre maintes et maintes fois.

　　・書いては直し、書いては直し、やっとレポートを完成させた。

　　　J'ai enfin achevé mon rapport après l'avoir écrit et corrigé maintes et maintes fois.

2）〜てみろ indique qu'un résultat indésirable se produit si une situation est réalisée (donc il faut éviter de créer telle situation).

① 約束を破ってみろ、絶対に許さないからな。

Essaye de ne pas tenir ta promesse ! Tu verras, je ne te pardonnerai jamais.

② 全員が参加してみろ、会場があふれてしまうよ。

Imagine que tout le monde participe. La salle serait débordée.

3）〜てからでないと indique que quelque chose se réalise après un événement mais le locuteur aurait bien voulu qu'il se réalise plus tôt.

① 病気になってからでないと、健康のありがたみは分からない。

C'est après être malade que l'on comprend à quel point la santé est précieuse.

② 高校を卒業してからでないと、アルバイトをやらせてもらえなかった。

On ne m'a pas laissé travailler à mi-temps tant que j'étais au lycée.

4）〜次第 introduit une action qui se produit juste après「〜」.

① パソコンは修理が終わり次第、お送りします。

On vous enverra votre ordinateur dès que la réparation sera finie.

② 落とし物が見つかり次第、こちらからお電話します。

Je vous passerai un coup de téléphone dès que l'objet que vous avez perdu sera retrouvé.

5) 〜次第で indique que plus「〜」se réalise, plus la probabilité de ce résultat augmente.
　① 努力次第で、夢は実現する。
　　Les rêves se réalisent en fonction des efforts fournis.
　② 教師のアイディア次第で、生徒の学力は伸びる。
　　Les connaissances académiques de l'élève se développent dépendamment des idées des enseignants.

6) 〜としたら／とすれば／とすると sont utilisés pour supposer quelque chose dont le locuteur ignore si cela va se produire ou non.
　① クラス全員が来るとしたら、いすが３つ足りない。隣の教室から持ってこよう。
　　Si toute la classe venait, il manquerait trois chaises. On va en emprunter de la salle d'à côté.
　② 天気予報のとおりに明日大雨だとすると、花見の予定は変更しなければならない。
　　Supposé qu'il y ait une grosse pluie demain comme le prévoit le bulletin météo, on serait obligé de changer notre projet d'aller admirer les fleurs de cerisier.

7) 〜ものなら est utilisé pour introduire l'idée de faire quelque chose de très peu réalisable. En cas de combinaison「verbe volitif ＋ ものなら」, cette construction signifie « si cela se produit réellement, il y aura un grand problème ».
　① 国の母が入院した。できるものなら今すぐにも帰りたい。
　　Ma mère vivant dans mon pays natal a été hospitalisée. Si cela est possible, j'aimerais bien rentrer tout de suite.
　② プライドの高い佐藤さんを少しでも批判しようものなら、彼は怒るだろう。
　　Si l'on cherche à faire la moindre critique à M. Sato qui est très fier, il sera probablement vexé.

1－11　Exprimer un temps (une durée, un instant, un cas...)

1) 〜てからというもの indique qu'une nouvelle situation s'est produite et perdure après qu'un événement ait eu lieu.
　① 大地震が起こってからというもの、いつも地面が揺れているような気がする。
　　Depuis que le grand tremblement de terre est survenu, j'ai toujours l'impression que la terre tremble.
　② 退職してからというもの、暇で仕方がない。
　　Depuis que j'ai pris ma retraite, je ne sais que faire de mon temps libre.

2) 〜(か)と思ったら／と思うと indiquent qu'un événement inattendu s'est produit ou a été aperçu immédiatement après un autre événement.
　① 息子は「ただいま」と言ったと思ったら、もうベッドで横になっていた。
　　Mon fils avait à peine fini de dire « Salut, je suis rentré » qu'il s'était déjà allongé sur le lit.

② 母はテレビを見ながら泣いていると思ったら、突然笑い始めた。

Ma mère pleurait en regardant la télévision et l'instant après elle s'est mis à rire.

③ この地方の秋は短い。紅葉が始まったと思うとすぐ雪が降り始める。

L'automne de cette région est court. A peine s'aperçoit-on du changement de couleur des feuilles que la neige commence à tomber tout à coup,

3) **〜か〜ないかのうちに** signifie « presqu'avant même que 〜 ».

① 彼は宝石を手に取って見るか見ないかのうちにその価値を言い当ててしまう。

Il peut deviner correctement la valeur d'une pierre précieuse presqu'avant même qu'il ne la tienne à la main et l'examine.

② 私が意見を言い終わるか言い終わらないかのうちに、他の人も次々に意見を言い始めた。

Presqu'avant même que j'eusse fini d'exprimer mon opinion, d'autres personnes ont commencé à exprimer leur opinion l'un après l'autre.

4) **〜に際して** est une expression soutenue, ayant le même sens que「〜のときに」.

① この試験を受けるに際して、以下の書類を提出してください。

Présentez les dossiers suivants lors du passage de cet examen.

② 政府の能力は、非常事態に際してどのように素早く行動できるかで判断できる。

La capacité d'un gouvernement peut être jugée par sa rapidité à agir en cas d'urgence.

5) **〜にあたって／にあたり** sont utilisés pour signifier « lorsque 〜 » dans le cas d'une action qui n'est pas habituelle.

① 留学するにあたって、パスポートとビザを申請した。

J'ai demandé un passeport et un visa dans le cadre de mes études à l'étranger.

② 物事の決定にあたり、日本ではボトム・アップ方式を取ることが多い。

Au Japon, il est courant de s'appuyer sur une approche ascendante dans la prise de décision.

1−12　Exprimer une situation ou une action apparaissant à la suite ou en même temps qu'une autre action ou situation

1) **〜ついでに** indique qu'une autre action est effectuée en même temps que le but initial.

① 買い物のついでに銀行でお金をおろしてきた。

Je suis allé faire des courses et par la même occasion, j'ai retiré de l'argent à la banque.

② 友達の結婚式で大阪へ行くついでに、京都に寄ってお寺を見てきたい。

Je vais à Osaka pour assister au mariage de mes amis, et par la même occasion, je veux passer à Kyoto et visiter les temples.

2) **〜なしで** ＝ 〜が存在しない状態で (dans la situation où「〜」n'existe pas).

① コンピューターなしで仕事をするのは難しい。

Il est difficile de travailler sans ordinateur.

② 許可なしでこの部屋を使わないでください。

N'utilisez pas cette salle sans autorisation.

3) **〜ことなく** ＝ a la même signification que «「〜しないで」(sans faire 〜) ».
① 日本に来てから大学に入るまで、一日も休むことなく日本語の勉強を続けた。
Depuis mon arrivée au Japon jusqu'à mon entrée à l'université, j'ai continué les études de japonais sans interruption, même pas un jour.
② 自分が正しいと思うことは、迷うことなくやるべきだ。
On doit faire ce qu'on croit juste sans hésitation.

4) **〜つつ／つつも** sont utilisés pour indiquer que deux actions sont effectuées simultanément par un même sujet.「〜つつも」indique qu'une action implique une contradictoire par rapport à「〜」.
① 高い品質を保ちつつ、価格の安い商品を作ることは簡単なことではない。
Il n'est pas facile de produire une marchandise de bas prix tout en maintenant une haute qualité.
② 会社の先輩は、文句を言いつつも、いつも私の仕事を手伝ってくれた。
Tout en se plaignant, mon collègue aîné m'aidait toujours dans mon travail.

5) **〜もかまわず** ＝ signifie «「〜」を気にしないで (sans se soucier de「〜」) ».
① 彼女は化粧が落ちるのもかまわず、泣き続けた。
Elle a continué à pleurer sans se soucier du maquillage qui coulait.
② 彼は周囲の視線もかまわず、彼女を抱きしめた。
Il l'a serrée dans ses bras sans se soucier du regard des gens autour de lui.

1 − 13 Exprimer une invitation, une indication ou un jugement en s'appuyant sur les connaissances possédées

1) **〜ことだから** est utilisé lorsque le locuteur exprime une invitation, une indication ou un jugement en s'appuyant sur un événement ou une connaissance antérieure.
① 試験も終わったことだから、みんなで食事に行こう。
Comme l'examen est terminé, allons manger tous ensemble.
② いつも遅刻する山本さんのことだから、今日もきっと遅れてくるだろう。
Comme M.Yamamoto est toujours en retard, il va sans doute arriver en retard aujourd'hui aussi.

1 − 14 Autres

1) **〜に代わって** indique que les sujets ou les objets dans la phrase sont interchangeables.
① 社長に代わって、部長が来年度の計画をご説明します。
La directeur de département vous expliquera le plan de l'année prochaine, à la place du président.
② ここでは石油に代わる新しい燃料を使っている。

Un nouveau combustible remplaçant le pétrole est utilisé ici.

2) ~にこたえて indique une action effectuée en réponse à「~」.
   ① 大統領は支援者の声援にこたえて手を振った。
   Le président a agité la main en réponse aux cris d'encouragement de ses partisans.
   ② 多くのご要望におこたえして、新製品を開発することになりました。
   Nous sommes amenés à développer un nouveau produit en réponse aux nombreuses demandes.

3) ~に先立って／に先立ち／に先立つ signifient « faire quelque chose avant「~」».
   ① 結婚に先立って両家の親族が食事会を開くことになった。
   Il a été décidé que les parents de deux familles organisent un repas préalablement au mariage.
   ② 起業に先立つ資金は親から援助してもらった。
   J'ai reçu une aide parentale concernant l'avance du fonds nécessaire pour démarrer mon affaire.

4) ~にしたがって／にしたがい…… indiquent qu'un changement「……」se produit sous influence d'un autre changement「~」.
   ① 日本での生活が長くなるにしたがって日本の文化にも詳しくなった。
   Ma connaissance sur la culture japonaise s'est approfondie au fur et à mesure que mon séjour au Japon se déroulait.
   ② 食生活の多様化にしたがい、成人病の治療も複雑になってきた。
   Le traitement des maladies liées au mode de vie devient plus complexe, résultant de la plus grande diversification de l'alimentation.

5) ~にともなって／にともない／にともなう indiquent qu'un changement「~」est en corrélation avec un autre changement.
   ① 少子化にともなって小学校の統廃合が進んでいる。
   Le regroupement des écoles primaires suite à la fermeture de classes est en progression, avec la baisse de la natalité.
   ② この国では医学の進歩にともなう高齢化が進んでいる。
   Le vieillissement de la population résultant des progrès en médecine a augmenté dans ce pays.

6) ~に対して(は、も)／に対し indiquent clairement la cible de l'action ou l'intérêt.
   ① 社員たちは社長に対して給料を上げてほしいと訴えた。
   Les employés ont fait appel au président pour réclamer une augmentation du salaire.
   ② 田中さんに対する部長のものの言い方は厳しすぎる。
   La manière de parler du directeur de département à l'égard de M. Tanaka est trop sévère.

7) ~を契機に(して)／を契機として…… indiquent que「……」a été occasionné par「~」.

① オリンピックの開催を契機として都市整備が急ピッチで進められた。

L'aménagement urbain a été avancé à toute allure, par l'organisation des jeux olympiques.

② 県大会での優勝を契機に今度は全国大会での優勝を目指す。

Encouragés par notre victoire lors du championnat préfectoral, nous allons maintenant viser la victoire au championnat national.

8) 〜をもとに（して）…… indique que「〜」est le matériel ou le fondement pour「……」.「……」prend des verbes tels que « produire », « décider », « exécuter »...

① 実話をもとにして映画を作った。

J'ai réalisé un film d'après une vraie histoire.

② 社員の営業成績をもとに翌年の売上げ目標を決める。

L'objectif de ventes de l'année suivante est déterminé sur la base des résultats des ventes des employés.

9) 〜たあげく…… indique que「……」est finalement réalisé après diverses expériences difficiles ou de longs efforts.

① 妹の結婚祝いは、あれにしようかこれにしようかとさんざん迷ったあげく、現金を贈ることにした。

Après avoir passé beaucoup de temps à hésiter sur les cadeaux de mariage pour ma petite sœur, j'ai fini par opter pour de l'argent liquide.

② 兄は何度も入学試験に失敗したあげく、とうとう大学への進学をあきらめてしまった。

Après avoir échoué plusieurs fois au concours d'entrée de l'université, mon grand frère a finalement renoncé à aller à l'université.

10) 〜うえ／うえに indiquent qu'en plus d'une situation ou d'un événement, il y a une autre situation ou un événement similaire qui s'y ajoute.

① 東京の賃貸マンションは狭いうえ値段も高い。

Les appartements de location à Tokyo sont aussi chers qu'exigus.

② 子どもが急に熱を出したうえに、自分も風邪気味で、仕事を休まなければならなくなった。

Non seulement mon enfant a eu un brusque accès de fièvre, mais je suis moi aussi un peu enrhumé. Je suis donc obligé de m'absenter du travail.

11) 〜かわりに indique qu'une autre action que「〜」est effectuée ou il y a un autre état que「〜」.

① 授業料を免除されるかわりに、学校の事務の仕事を手伝うことになった。

Il a été décidé que j'aiderai pour le travail administratif de l'école en échange de l'exonération des frais de scolarité.

② 私のマンションの1階にはコンビニがあって、便利なかわりに、人がいつも通って、少しうるさい。

Il y a une supérette au rez-de-chaussée de mon immeuble, ce qui est pratique mais d'un autre côté, il y a toujours des gens qui passent ce qui est un peu bruyant.

12) **〜にかけては……** indique que l'évaluation suivante「……」est limitée au cas「〜」mais elle est extraordinaire.
   ① この子は暗算が得意で、そのスピードにかけてはコンピューターにも負けないくらいだ。
      Cet enfant est très fort en calcul mental et notamment, il est presque plus rapide que l'ordinateur.
   ② 福井県はメガネの生産にかけては全国一を誇っている。
      La Préfecture de Fukui est réputée pour être la première au Japon dans le domaine de la fabrication des lunettes.

13) **〜にしたら／にすれば** signifient « du point de vue de「〜」».
   ① 子どもにしたらビールは単なる苦い飲み物でしかない。
      Pour les enfants, la bière n'est qu'une simple boisson amère.
   ② このカレーの辛さは大人にすれば何でもないが、子どもにはとても食べられない。
      Le goût relevé de ce curry n'est rien pour les adultes, mais pour les enfants, c'est impossible à manger.

14) **〜に反して／に反し** introduisent quelque chose qui s'oppose à la volonté de「〜」.
   ① 周囲の期待に反して、結局彼らは結婚しなかった。
      Contrairement aux attentes de leur entourage, ils ne se sont pas mariés finalement.
   ② あの政党は市民の意思に反するマニフェストを掲げている。
      Ce parti politique a déclaré un manifeste qui va à l'encontre de la volonté publique.

15) **〜ぬきで／ぬきに／ぬきの、〜をぬきにして（は）** indiquent quelque chose étant censé être inclus「〜」mais qui ne l'est pas.
   ① 堅苦しいことはぬきにして、ざっくばらんに話しましょう。
      Mettons les formalités de côté et parlons en toute franchise.
   ② ワサビぬきのお寿司なんて食べたくない。
      Je ne veux pas manger des sushi sans wasabi !

16) **〜を問わず……** indique que「……」n'est pas concerné par les différences dans「〜」.
   ① この店ではメーカー・車種を問わず高額でバイクの買い取りを行っている。
      Ce magasin achète les motos à un prix élevé quels que soient la marque et le modèle.
   ② この試験は国籍を問わず誰でも受けられます。
      Ce concours peut être passé par tout le monde quelle que soit sa nationalité.

17) **〜を中心に（して）／を中心として……** indiquent que「……」est principalement「〜」.
   ① 今回、日本経済の停滞の原因を中心に調査が行われた。
      Cette fois, l'étude a été menée essentiellement sur les causes de la stagnation de l'économie japonaise.
   ② この大学は医学部を中心とした理系の学部が人気だ。
      Les facultés les plus populaires de cette université sont les facultés scientifiques centrées sur la faculté de médecine.

18) **〜はもちろん／はもとより〜も** introduisent quelque chose d'évident 「〜」 et montre qu'un autre élément moins ordinaire 「〜」 est aussi inclus.
   ① ディズニーランドは、子どもはもちろん大人も楽しめる。
   Non seulement les enfants mais aussi les adultes peuvent s'amuser à Disneyland.
   ② 京都には和食はもとより洋食のおいしいレストランも多い。
   À Kyoto il y a bien entendu beaucoup de bons restaurants de cuisine japonaise mais aussi beaucoup de bon restaurant de cuisine occidentale.

19) **〜をめぐって……** indique que 「……」 s'est produit à cause de 「〜」 ou de quelque chose relatif à 「〜」.
   ① 墓地の建設をめぐって周辺の住民が反対運動を起こしている。
   Les habitants du quartier ont lancé un mouvement de protestation contre la construction du cimetière.
   ② 父親の遺産をめぐって長男と次男が法廷で争っている。
   Le fils aîné et le fils cadet se disputent devant les tribunaux à propos de l'héritage de leur père.

20) **〜につけ／につけて／につけても……** signifient qu' « à chaque fois que 「〜」 a lieu, 「……」 est accompli ».
   ① この写真を見るにつけ昔のことを思い出す。
   À chaque fois que je regarde cette photo, les souvenirs d'autrefois me reviennent.
   ② 何事につけ真心をこめて丁寧に対応していれば、客に文句を言われることはない。
   Nos clients ne nous critiqueront jamais si on les traite avec sincérité et politesse dans toutes les circonstances.

2. S'exprimer avec des conjonctions (P : phrase précédant la conjonction   Q : phrase suivant la conjonction)

2-1 Utiliser les conjonctions pour la relation résultante (cause/raison – conséquence)

1) **したがって** est utilisé pour exprimer le jugement Q en utilisant P comme argument. Cette expression est utilisée dans un texte formel tel qu'un texte argumentatif.
   ① この町は人口が減っているだけでなく高齢化も進んでいる。したがって、経済の発展を考えると、若い世代の住民を増やすことが重要だと思う。
   Non seulement la population de cette ville est en baisse, mais le vieillissement de la population progresse. Par conséquent, du point de vue du développement économique, il nous semble important d'augmenter la population de la nouvelle génération.
   ② 先月の売上げは約300万円、今月は合計およそ400万円であった。したがって、わずか1か月で30％以上伸びたことになる。

La vente du mois précédent est d'environ 3 millions de yen et le total de ce mois est d'environ 4 millions. Donc, on peut constater qu'il y a plus de 30 % d'augmentation seulement en un mois.

2−2 Utiliser les conjonctions dans la relation résultante (hypothèse – conséquence)

1) **だとすると／だとすれば／だとしたら** indiquent que si l'on postule que P est vrai, alors la conclusion sera Q.

① A：天気予報によると明日は大雨になりそうだって。

B：えっ、そう。だとすると、明日のお花見は無理かもしれないね。

A：Selon le bulletin météo, il y a une forte chance qu'il y ait une forte pluie demain.

B：C'est vrai ? Dans ce cas-là, il sera difficile de maintenir la sortie prévue demain pour aller voir les fleurs de cerisier.

2−3 Exprimer les raisons

1) **なぜなら／なぜかというと** sont utilisés pour mentionner que la cause ou la raison de P est Q.

① 近年、大学生が専門的な勉強に時間をかけられなくなっている。なぜなら、就職が年ごとに厳しくなり、就職活動のため3年生ぐらいからあまり大学に来られなくなるからだ。

Ces dernières années, les étudiants d'université se sont retrouvés dans l'impossibilité de consacrer du temps à leurs études de spécialisation. C'est parce que le recrutement devient plus sévère chaque année pour les étudiants, et à peine ils sont en 3ème année, qu'ils ne peuvent plus tellement venir à l'université à cause de leur démarche pour obtenir un emploi.

② 仕事は9時からだが、私は8時までに会社に着くように出かける。なぜかというと、早い時間のほうが電車がすいていて快適だからだ。

Mon travail commence à 9 heures mais je pars de chez moi pour arriver avant 8 heures. C'est parce que le train est moins bondé et plus agréable de bonne heure.

2−4 Utiliser les conjonctions dans la relation adversative

1) **それなのに** est utilisé pour introduire une conclusion Q, qui est différente de ce qui est attendu de P. Cette conjonction exprime souvent une surprise ou un mécontentement.

① 試験のためにアルバイトもやめて毎日遅くまで勉強した。それなのに、合格できなかった。

Pour réussir l'examen, j'ai arrêté mon travail à temps partiel et j'étudiais jusqu'à tard le soir tous les jours. Malgré cela, je n'ai pas réussi.

② 田中さんと山本さんは誰からもうらやましがられるカップルだった。それなのに、結婚してからはうまくいかなくて、2年後に離婚してしまった。

M. Tanaka et Mlle Yamamoto formaient un couple envié par tout le monde. Et pourtant, après le mariage, ça ne marchait plus entre eux et ils ont divorcé 2 ans après.

2−5 Reformuler

1) **要するに** est utilisé pour introduire Q comme un résumé de P.
   ① 渡辺さんは優秀な会社員で、英語と中国語がぺらぺらで、スポーツも料理もできる。要するに、万能の女性だ。

   Mlle Watanabe est une employée compétente et elle parle couramment l'anglais et le chinois. Elle est aussi douée en sport et en cuisine. Bref, c'est une femme parfaite.

2) **すなわち** est utilisé pour introduire Q comme une explication de P avec d'autres termes. Cette conjonction est utilisée non seulement pour les phrases mais aussi pour les mots.
   ① この学部では「スポーツ科学」は必修科目です。すなわち、この科目の単位を取らなければ卒業できないのです。

   Dans cette faculté, la matière « science du sport » est obligatoire. En d'autres termes, si on ne valide pas cette matière, on n'obtient pas le diplôme de fin d'études.

   ② 息子は西暦2000年、すなわち20世紀最後の年に生まれた。

   Mon fils est né en l'an 2000, soit la dernière année du 20ème siècle.

3) **いわば** signifie « en quelque sorte » ou « pour ainsi dire ».
   ① 韓国のチヂミという料理は、いわば日本のお好み焼きのようなものです。

   Le plat coréen appelé Chijimi est en quelque sorte comme l'okonomiyaki japonais.

   ② 昭和は大きく戦前と戦後に分けられる。いわば異なる2つの時代が1つの名前で呼ばれているようなものだ。

   L'ère de Showa se divise en gros en l'avant-guerre et l'après-guerre. C'est pour ainsi dire deux périodes différentes qui sont regroupés en un seul nom.

2−6 Ajouter quelque chose

1) **しかも** est utilisé pour introduire Q en addition de P. Dans ce cas-là, Q a un plus haut degré que P.
   ① 山本先生のクラスでは毎回テストがある。しかも、毎回全員の点数が公表される。

   Dans la classe de M. Yamamoto, il y a un examen à chaque cours. En plus, la note de chaque étudiant est communiquée publiquement à chaque fois.

   ② 卵は安くて調理が簡単な食材だ。しかも、栄養が豊富である。

   L'œuf est un aliment pas cher et facile à cuisiner. En plus de cela, il est très nutritif.

2) **そればかりでなく／そればかりか** sont utilisés pour introduire Q en plus de P. Dans ce cas-là, Q est plus inattendu que P.
   ① この地域は夏の間に数回大雨にあった。そればかりでなく、9月には台風によって大きな被害を受けた。

   Cette région a subi quelques fortes pluies pendant l'été. Et ce n'est pas tout, en septembre, il a eu d'importants dégâts causés par un typhon.

② 太郎君は小学１年生なのに家で留守番ができる。そればかりか、掃除や夕食の買い物までするそうだ。

Taro est déjà capable de garder la maison tout seul même s'il n'est qu'en première année d'école primaire. Ce n'est pas tout, il paraît qu'il fait même le ménage et les courses pour le dîner.

2-7 Compléter quelque chose

1) **もっとも** est utilisé pour introduire Q comme exception ou restriction par rapport à P.
   ① 次回は校外学習の予定です。もっとも、雨が降ったら中止ですが。

   Le prochain cours se passera à l'extérieur. Bien entendu, en cas de pluie, il sera annulé.

   ② 大学に新しい寮をつくることになり、工事が始まっている。もっとも、完成するのは、私が卒業したあとだそうだ。

   Le projet de construction d'une nouvelle résidence à l'université a été lancé et les travaux ont commencé. Toutefois, il paraît que l'achèvement des travaux n'aura pas lieu avant la fin de mes études.

2) **ただし** est utilisé pour introduire Q comme exception ou restriction par rapport à P. Q peut également être un ordre ou une requête.
   ① 定休日は月曜日です。ただし、月曜日が祝日の場合、火曜日になります。

   Le jour de fermeture est le lundi. Cependant, quand le lundi est férié, on ferme mardi à la place.

   ② 夕食まで自由時間です。ただし、外に出るときは必ず連絡してください。

   Votre programme est libre jusqu'au dîner. Cependant, si vous sortez, dites-le nous sans faute.

3) **なお** est utilisé pour introduire Q qui s'ajoute à P. Q est une information relative à P.
   ① パーティーは７時から食堂で行いますので、お集まりください。なお、参加費は無料です。

   La soirée aura lieu dans le réfectoire à partir de sept heures. Venez nombreux. D'autre part, notez que la participation est gratuite.

2-8 Choisir entre deux alternatives

1) **それとも** est utilisé lorsque le locuteur demande à son interlocuteur de choisir P ou Q.
   ① 地下鉄で帰りますか。それとも、タクシーに乗りますか。

   Vous allez rentrer en métro ? Ou bien vous allez prendre le taxi ?

   ② コーヒー、飲む？　それとも、お茶？

   Tu veux boire un café ? Ou plutôt un thé ?

2-9 Changer le sujet de discussion

1) **さて** est utilisé lorsque le locuteur passe à un autre sujet de discussion Q, qui a un lien avec P.

① 時間になりましたので、「留学生の集い」を始めます。最後までごゆっくりお楽しみください。さて、ここで問題です。この大学に留学生は何人いるでしょうか。

Il est l'heure. Donc, nous allons commencer « la réunion des étudiants étrangers ». Je vous souhaite une bonne séance jusqu'à la fin. Tout d'abord, j'ai une question à vous poser. Combien d'étudiants étrangers sont inscrits à cette université ?

② 今日予約している店は魚料理がおいしいんですよ。……さて、みなさん揃いましたね。そろそろ出かけましょうか。

Le restaurant que nous avons réservé pour aujourd'hui propose des plats de poissons délicieux, vous savez... Bon, vous êtes tous là. On y va alors ?

2) **それはそうと／それはさておき** sont utilisés lorsque le locuteur passe d'un sujet P à un autre sujet Q, qui n'a pas de lien direct avec P mais qui est plus important que P.

① 昨日はひどい天気だったね。せっかくの休みなのにどこへも行けなかったよ。それはそうと、今日、漢字のテストがあるんだっけ？

Il faisait terriblement mauvais hier, hein ? J'attendais avec impatience ce jour de congé mais je ne pouvais aller nulle part. Au fait, il y a un contrôle de kanji aujourd'hui, n'est-ce pas ?

3) **それにしても** est utilisé lorsque le locuteur, après avoir parlé du sujet P, revient au sujet Q qui a été traité précédemment.

① 今日は道が込んでるね。…そうそう、宿題やった？ 難しかったよね。半分以上分からなかった。…それにしても、込んでるね。今日は何かあるのかなあ。

Il y a beaucoup de circulation sur la route aujourd'hui, non ? Au fait, tu as fait tes devoirs ? C'était dur, non ? Je n'ai pas compris plus de moitié des questions. Mais quand même, il y a vraiment beaucoup de circulation ! Je me demande s'il y a quelque chose aujourd'hui.

3. S'exprimer avec des expressions variées à l'aide des suffixes

1) **〜がたい** = signifie «「〜」できない (ne pas pouvoir faire「〜」) ».

① 社長の意見は理解しがたいものばかりだ。

On comprend difficilement les opinions du président.

② 気の弱い田中さんが会長になるなんて信じがたいことだ。

Je ne peux que croire difficilement que le timide M. Tanaka devienne président (de l'association, etc.).

* Il existe d'autres exemples couramment utilisés tels que 想像しがたい, 賛成しがたい, 言いがたい, etc.

2）〜がちだ indique la tendance d'une situation「〜」à devenir non désirable.
　① この頃山本さんは授業を休みがちだ。それで、成績が下がってきているのだ。

　　M. Yamamoto a tendance à s'absenter des cours ces derniers temps. C'est pourquoi ses résultats ont commencé à baisser.

　② 人のまねをして書いたレポートはおもしろくないものになりがちだ。

　　Un rapport copié sur d'autres rapports tend en général à être inintéressant.

　＊ Il existe d'autres exemples couramment utilisés tels que ありがちだ, 忘れがちだ, 病気がちだ, etc.

3）〜気味だ ＝ signifie «「〜」する傾向が少しある (avoir tendance à faire「〜」) ».
　① コーヒー豆の価格が上がり気味だ。

　　Le prix du grain de café tend à augmenter.

　② 最近ちょっと太り気味なの。ダイエットしなくちゃ。

　　J'ai tendance à grossir ces derniers temps. Il faut que je me mettre au régime.

　＊ Les autres exemples couramment utilisés sont les suivants : 風邪気味だ, 下がり気味だ, etc.

4）〜づらい indique qu'il est difficile d'effectuer l'acte「〜」, d'un point de vue psychologique ou sur le plan de la capacité.
　① 忙しそうなので、手伝ってくださいとは言いづらかったんです。

　　Comme vous aviez l'air occupé, il était difficile pour moi de vous demander de m'aider.

　② 大量の数字は人間には扱いづらいので、計算を任せるためにコンピューターが開発されたのである。

　　Parce qu'il est difficile pour les Hommes de traiter les chiffres en grande quantité, l'ordinateur a été développé pour qu'il fasse les calculs.

5）〜だらけ indique que「〜」, qui est un élément indésirable, est répandu partout.
　① このカバンは傷だらけだ。

　　Ce sac est complétement abîmé.

　② この部屋は長い間人が住んでいなかったため、部屋の隅がほこりだらけだ。

　　Cette chambre était longtemps inhabitée, c'est pourquoi les coins de la chambre sont couverts de poussière.

　③ 政府が出した改革案は問題だらけだ。

　　Le projet de réforme proposé par le gouvernement est truffé de problèmes.

6）〜っぽい « signifie「〜」のように感じられる « se sentir「〜」／見える paraître「〜」».
　① 今朝から熱っぽい。

　　Je sens que je suis un peu fiévreux depuis ce matin.

　② もう大人なんだから、子どもっぽい話し方はやめなさい。

　　Tu es déjà grand. Arrête de parler comme un enfant.

7）〜向きだ／向きに／向きの sont utilisés pour indiquer que quelque chose convient à「〜」.

① 彼の性格は政治家向きだ。

Son tempérament conviendrait à un homme politique.

② この家は高齢者向きに作られている。

Cette maison est conçue pour les personnes âgées.

8）〜向けだ／向けに／向けの sont utilisés pour indiquer quelque chose conçu pour un certain type d'utilisateur ou pour un certain but d'utilisation.

① 吉田さんは放送局で子ども向けの番組を制作している。

M. Yoshida développe des programmes pour enfants dans une station de télévision (ou de radio).

② このパンフレットは外国人向けに、分かりやすい日本語で書かれています。

Cette brochure est écrite dans un japonais simple pour les lecteurs étrangers.

4．Exprimer une attitude subjective ou un sentiment au moment de parler

4－1　Inviter quelqu'un à faire quelque chose ou faire une suggestion

1）〜（よ）うではないか indique que le locuteur invite son interlocuteur à faire「〜」ou fait une suggestion.

① どの会社もやらないなら仕方がない。わが社が引き受けようではないか。

Si aucune entreprise ne veut le faire, tant pis. Pourquoi notre entreprise ne le ferait pas ?

② まず、彼の言うことを聞こうではないか。

Que diriez-vous d'écouter d'abord ce qu'il dit ?

4－2　Éviter une assertion et nier quelque chose partiellement

1）〜とは限らない ＝ いつも〜であるとは言えない、(On ne peut pas dire que c'est toujours「〜」) 〜ではない可能性もある (Il y a une possibilité que ce ne soit pas「〜」)

① お金持ちが幸せだとは限らない。

Les gens riches ne sont pas toujours heureux.

② どの学習者にも日本語の発音がやさしいとは限らない。

La prononciation du japonais n'est pas forcément facile pour tous les apprenants.

2）〜ないとも限らない ＝ 〜である可能性もある (Il y a également une possibilité que「〜」soit la vérité).

① 世界的な食糧危機が起こらないとも限らない。

On ne peut pas écarter la possibilité qu'une crise alimentaire se produise.

② いい就職先が見つからないとも限らないから、まじめに努力を続けるべきだ。

Il est toujours possible de trouver un bon emploi, alors vous devez continuer à fournir des efforts réguliers.

3）～なくはない／～ないことはない　＝　～ではないとは言い切れない (On ne peut pas affirmer que「～」ne soit pas vrai / il n'est pas vrai que「～」ne soit pas vrai.)
① この計画に問題があると考えられなくはない。
On ne peut pas considérer que le plan soit dépourvu d'un quelconque problème.
② この漫才コンビはおもしろくなくはない。しかし、他にもっとおもしろいコンビがいる。
Ce duo de comiques n'est pas inintéressant. Mais il y a d'autres duos qui sont plus drôles.
③ 彼女の料理はおいしくないことはない。
Sa cuisine n'est pas mauvaise.

4－3　Nier clairement une partie de l'énoncé

1）～のではない indique que le contenu de「～」est nié.
① A：彼が財布を盗んだのですか。（「誰かが財布を盗んだ」ことは分かっている）
B：いいえ、彼が財布を盗んだのではありません。他の人が盗んだのです。
A：C'est lui qui a volé le portefeuille ? (Le fait que quelqu'un ait volé le portefeuille est connu).
B：Non, ce n'est pas lui qui l'a volé. C'est quelqu'un d'autre...

2）～はしない indique que quelqu'un ne fait pas「～」, mais fait quelque chose relatif à「～」.
① その本を買いはしなかったが、おもしろそうだったので、図書館で借りて読んだ。
Je n'ai pas acheté ce livre, mais comme il avait l'air intéressant, je l'ai toutefois emprunté à la bibliothèque et l'ai lu.
② 彼女はあまり多くのことを話しはしないが、話し方は上手だ。
Elle ne parle pas beaucoup, mais elle parle bien.

4－4　Exprimer une forte négation

1）～わけがない indique que le contenu de「～」est nié fortement　＝　～はずがない (Il est impossible que ce soit「～」). Dans le langage familier, la forme「～っこない」est aussi utilisée.
① こんないい天気なのだから、雨が降るわけがない。
Il fait tellement beau qu'il ne peut pas pleuvoir.
② ケーキが大好きな洋子さんが、この店のこのケーキのことを知らないわけがない。
Yoko adore les gâteaux, il est donc impossible qu'elle ne soit pas au courant de ce gâteau de cette pâtisserie.
③ この問題はかなり難しい。彼女には解けっこないよ。
Cette question est assez difficile. Je suis sûr qu'elle ne pourra pas y répondre.

2）～ようがない　＝　～する方法がない (Il n'y a pas moyen de faire「～」)
① 断水になると、料理のしようがない。
S'il y a une coupure d'eau, il n'y a pas moyen de faire la cuisine.

② 毎日10km歩いて学校に通っている彼はすごいとしか言いようがない。

Il fait 10 km à pied tous les jours pour aller à l'école. On ne peut pas le décrire autrement que par son courage.

3）**〜どころではない** ＝ 〜の（する）時間的・心理的余裕がない (ne pas avoir le temps ou la disposition psychologique pour faire「〜」.)

① 今日はパーティーの準備で忙しくて、美容院に行くどころではなかった。

Aujourd'hui, j'étais tellement occupé par les préparatifs de la réception que je ne pouvais même pas trouver un moment pour aller chez le coiffeur.

② A：今晩一緒にご飯食べない？
B：ごめんね。明日試験があって、それどころじゃないのよ。

A : Tu veux qu'on mange ensemble ce soir ?
B : Désolé ! En fait, j'ai un examen demain, donc ce n'est pas le moment...

4−5 Exprimer que quelque chose n'est pas si important

1）**〜にすぎない** ＝ 〜はたいしたことではない (être simple「〜」)

① 私は一人の学生にすぎませんが、一応専門的な知識は持っています。

Je ne suis qu'un simple étudiant, mais j'ai tout de même des connaissances spécialisées.

② 今回明らかになったのは問題全体の一部にすぎない。

Ce qui est révélé cette fois-ci n'est qu'une petite partie de l'ensemble du problème.

4−6 Mentionner la possibilité.

1）**〜かねない** ＝ 〜する危険がある (il y a une risque de faire「〜」)

① 今回の首相の発言は外国に誤解を与えかねない。

La dernière déclaration du Premier ministre pourrait causer un malentendu avec les pays étrangers.

② これ以上景気が悪くなると、失業者が大量に生まれかねない。

Si la situation économique se détériore encore, il risque d'avoir une forte hausse du nombre de chômeurs.

2）**〜かねる** indique que le locuteur ne peut pas faire「〜」, bien qu'il veuille bien.

① 彼女の言うことは理解しかねる。

Malheureusement, je ne comprends pas ce qu'elle dit.

② ご依頼の件はお引き受けしかねます。

Nous regrettons de ne pas pouvoir accepter votre demande.

4−7 Exprimer de manière emphatique son état d'esprit

1）**〜ずにはいられない／ないではいられない** expriment l'état d'esprit d'être incapable de ne pas faire「〜」.

① お酒を飲んで楽しくなって、歌を歌わずにはいられなかった。

Ayant bu de l'alcool, je me sentais gai et je ne pouvais m'empêcher de chanter.

② ダイエット中でも、おいしそうなケーキを見ると食べないではいられない。

Même pendant mon régime, quand je vois un gâteau alléchant, je ne peux pas résister.

2) **〜てしょうがない／てしかたがない** indiquent que le locuteur ressent 「〜」 désespérément ou insupportablement.

① のどが渇いて、水が飲みたくてしょうがなかった。

J'avais tellement soif que je voulais désespérément boire de l'eau.

② 冷房が壊れているので、暑くてしかたがない。

Comme le climatiseur est en panne, il fait insupportablement chaud.

3) **〜てならない** indique que locuteur a le sentiment ou est dans un état de 「〜」 de manière incessante. Cette expression est utilisée avec un verbe impliquant qu'un tel sentiment vient naturellement.

① ふるさとのことが思い出されてならない。

Je ne peux pas m'empêcher de penser à ma ville natale.

② 彼の言っていることには嘘があるような気がしてならない。

Je ne peux pas m'empêcher de penser qu'il y ait un mensonge dans ce qu'il raconte.

4) **〜ほかない** indique qu'il n'y a pas d'autre choix que 「〜」 et le locuteur accepte malgré lui 「〜」.

① 締切りまで時間がないので、とにかく今、分かっていることを論文に書くほかない。

Comme il reste peu de temps avant la date limite, la seule chose que je puisse faire maintenant est d'écrire ce que je connais dans mon mémoire.

② 今は手術が無事に終わることを祈るほかありません。

Tout ce que je peux faire maintenant est de prier pour que l'opération se passe bien.

4－8　Exprimer un doute

1) **〜かしら** est utilisé principalement par les femmes et indique que le locuteur a un doute sur 「〜」.

① 今日は道路が込んでるわね。バス、時間通りに来るかしら。

Ce matin, il y a beaucoup de circulation sur la route. Je me demande si mon bus va arriver à l'heure.

② あれ、財布がない。どこに置いたのかしら。

Tiens, je ne trouve pas mon portefeuille. Où est-ce que j'ai bien pu le poser ?

4－9　Mentionner quelque chose conjointement avec un critère de jugement

1) **〜からいうと・〜からして／からすると／からすれば・〜からみると／みれば／みて／みても** ＝ 〜という点から考えると、〜という点から考えても (compte tenu du fait que 「〜」, considérant même que 「〜」)

① 立地条件からいうと、この家は最高だ。

Cette maison est parfaite, du point de vue de sa localisation.

② 彼は服装からして、学校の先生には見えない。

Même sa tenue ne lui donne pas l'air d'être un professeur d'école.

③ 子どもの立場からすると学校の週休二日制はいいことだが、親にとってはそうではない。

La semaine de 5 jours à l'école est un bon système du point de vue des enfants, mais pas forcément pour les parents.

④ 国家的非常事態の際の日本政府の対応は、先進国の基準からみて、かなり劣っていると言える。

La mesure prise par le gouvernement japonais lors de l'état d'urgence national est très insuffisante compte tenu des normes des pays développés.

4－10 Mentionner un aspect ou une manière

1）**～かのようだ** ＝ ～であるように見える／感じられる (apparaître comme「～」, donner l'impression d'être「～」)

① この辺りの道は複雑で、迷路に入ってしまったかのようだ。

Les rue dans ce quartier sont tellement complexes que j'ai l'impression de me perdre dans un labyrinthe.

② 一面にひまわりの花が咲いていて、その部分が燃えているかのようだ。

Les tournesols tout autour sont en fleur. On a l'impression que toute cette zone est en feu.

2）**～ものがある** indique qu'il y a quelque chose de spécial qui fait「～」.

① 彼の絵には見る人の心を強く動かすものがある。

Sa peinture dégage quelque chose qui émeut les gens qui la regardent.

② 2、3歳の子どもの成長の早さには目を見張るものがある。

Il y a quelque chose d'étonnant sur la rapidité à laquelle les enfants de 2 ou 3 ans grandissent.

3）**～一方だ** est utilisé pour décrire de façon emphatique un état qui devient「～」rapidement.「～」utilise la forme dictionnaire des verbes indiquant le changement.

① 今のライフスタイルを変えないかぎり、ごみは増える一方だ。

Tant que l'on ne change pas notre mode de vie actuel, les déchets ne cesseront pas d'augmenter.

② 経済のグローバル化にともない、企業同士の競争は激しくなる一方である。

Avec la mondialisation économique, la concurrence entre les entreprises n'a fait que s'intensifier.

4－11　S'exprimer avec conviction

1） **〜にきまっている** indique que le locuteur a la conviction que「〜」. Cette forme peut être utilisée même si le locuteur s'exprime sans fondement.
   ① 山本さん、得意先からまだ帰ってこないの？　遅いね。
   …またどこかでコーヒーでも飲んでるにきまってるよ。
   M.Yamamoto n'est toujours pas rentré de son rendez-vous avec les clients ? Que peut-il bien faire ?
   …Je suis sûr qu'il est en train de prendre un café quelque part, comme d'habitude.

2） **〜に相違ない** indique que le locuteur a la conviction「〜」. ＝ 〜に違いない Cette forme peut être utilisée même si la conviction n'est pas fondée, cependant le degré de conviction est moindre par rapport à「〜にきまっている」.
   ① 環境破壊は人間の身勝手な行動の結果に相違ない。
   La destruction de l'environnement n'est qu'une conséquence de l'égoïsme des Hommes.

4－12　Exprimer un jugement sur le fait que quelque chose est nécessaire/non nécessaire ou obligatoire

1） **〜ことだ** est utilisé pour exprimer un jugement sur le fait que「〜」est le plus important pour accomplir le but exprimé.
   ① 自分が悪かったと思うなら、まず素直に謝ることだ。
   Si l'on pense que l'on a tort, le plus important est de s'excuser sincèrement.
   ② 料理上手になるためには、とにかくおいしいものを食べて味を覚えることだ。
   Pour devenir un bon cuisinier, il est important de manger de bonnes choses pour apprendre les bonnes saveurs.

2） **〜ことはない** exprime un jugement sur le fait que「〜」n'est pas nécessaire.
   ① 今日の試合に負けたからって、がっかりすることはないよ。次で頑張ればいいんだから。
   Ce n'est pas parce que nous avons perdu le match d'aujourd'hui que nous devons être déçus. Nous n'avons qu'à faire mieux la prochaine fois.

3） **〜必要がある／〜必要はない** exprime une opinion sur le fait que「〜」est nécessaire/non nécessaire.
   ① 多くの野菜は水だけではうまく育たない。定期的に肥料を与える必要がある。
   Un grand nombre de légumes ne pousse pas bien si on les arrose uniquement. Il est nécessaire de donner de l'engrais régulièrement.
   ② この時計は太陽電池で動いていますので、電池を交換する必要はありません。
   Cette horloge marche avec des piles solaires, donc il n'est pas nécessaire de changer les piles.
   ③ 手術の必要がありますか。
   …いいえ、その必要はありません。薬で治療できます。

Faut-il une opération ?

...Non, ce n'est pas nécessaire. Cela peut être traité avec des médicaments.

4) ～に及ばない exprime une opinion sur le fait qu'il n'est pas nécessaire de faire「～」.
① お忙しいでしょうから、わざわざ来ていただくには及びません。

Je suppose que vous êtes occupé, donc il n'est vraiment pas nécessaire de vous déranger pour venir.

② この本は高いので買うには及びません。必要なところをコピーしてください。

Comme ce livre est cher, il n'est pas nécessaire de l'acheter. Faites des photocopies des parties dont vous avez besoin.

4－13　Communiquer un sentiment ou une émotion intense

1) ～かぎりだ exprime que le locuteur ressent fortement「～」.
① 渡辺さんは夏休みに夫婦でヨーロッパへでかけるらしい。うらやましいかぎりだ。

Il paraît que M. et Mme Watanabe vont en Europe tous les deux pour les vacances d'été. Qu'est-ce que je les envie !

② 楽しみにしていた同窓会が地震の影響で中止になってしまった。残念なかぎりだ。

La réunion des anciens que j'attendais impatiemment a été annulée à cause du tremblement de terre. Je trouve que c'est vraiment dommage.

2) ～といったらない exprime un sentiment qui est tellement「～」qu'il en est indescriptible.
① 恋人と結婚式を挙げたときの感激といったらなかった。

L'émotion que j'ai ressentie lors du mariage avec mon ami(e) était tellement forte que je ne peux pas la décrire.

② 大勢の人がいるところで転んでしまった。恥ずかしいといったらなかった。

Je suis tombé devant beaucoup de personnes. Je ne peux pas exprimer à quel point j'avais honte.

3) ～ことか utilisé avec des expressions telles que「どんなに」ou「何度」, indique que le locuteur désire fortement que son interlocuteur le comprenne.
① あなたと再会できる日をどんなに待ったことか。

J'ai tellement attendu ce jour où je pourrai vous revoir.

② 漢字が書けるようになるまでに、何度練習したことか。

Combien de fois je me suis entraîné jusqu'à ce que je parvienne à écrire les kanji !

4－14　Demander de confirmer ou de reconnaître

1) ～じゃないか est utilisé pour faire remarquer「～」à son interlocuteur.
① 太郎、水道の水が出しっぱなしじゃないか。早く止めなさい。

Taro, tu as laissé l'eau du robinet couler. Ferme-le vite.

② 田中さん、顔色が悪いじゃないですか。だいじょうぶですか。

M. Tanaka, vous n'avez pas de bonne mine. Vous allez bien ?

5. Mentionner l'état d'une action ou d'un phénomène dans un déroulement du temps

1) 〜かける signifie « sur le point de 「〜」 » et utilisé, dans la majorité des cas, lorsque 「〜」 n'est pas effectué.
   ① 電話がかかってきたとき、私は眠りかけていた。
      Lorsque le téléphone a sonné, j'étais sur le point de m'endormir.
   ② 彼は何か言いかけたが、何も言わなかった。
      Il avait commencé à dire quelque chose, mais il s'est arrêté.

2) 〜かけの〜 ＝ すでに少し〜した〜 (「〜」ayant déjà fait un peu 「〜」), 〜は〜かけだ ＝ 〜はすでに少し〜している (「〜」est déjà un peu 「〜」)
   ① 机の上に食べかけのリンゴが置いてあった。
      Une pomme à moitié croquée était posée sur la table.
   ② 机の上のリンゴは食べかけだ。
      La pomme sur la table est déjà entamée.

3) 〜つつある indique que quelque chose est en cours de changement 「〜」.
   ① 池の氷が溶けつつある。
      La glace de l'étang est en train de fondre.
   ② 日本の人口は少しずつ減少しつつある。
      La population du Japon est en train de diminuer petit à petit.

4) 〜ぬく ＝ 最後まで〜する (faire 「〜」 jusqu'au bout)
   ① 仕事を引き受けたら、最後までやりぬくことが必要だ。
      Quand on accepte un travail, il est nécessaire de l'accomplir jusqu'au bout.
   ② 彼は政治犯として逮捕され、つらい生活を強いられたが、見事にその生活に耐えぬいた。
      Arrêté en tant que criminel politique, il fut forcé de vivre dans des conditions difficiles, mais il les a supporté remarquablement jusqu'à la fin de sa vie.

5) 〜つくす ＝ 全部〜する (faire 「〜」 exhaustivement)
   ① 彼女は会社の不満を言いつくして退職した。
      Elle a quitté son emploi après avoir tout dit son mécontentement.
   ② 彼は親が残してくれた800万円を半年で使いつくしてしまった。
      Il a dépensé entièrement les 8 millions de yen que ses parents lui avaient laissé en l'espace de six mois.

6) 〜ている最中 ＝ ちょうど今〜している (être en plein milieu de 「〜」)
   ① 今、旅行の準備をしている最中だ。
      Maintenant, je suis en pleine préparation de mon voyage.
   ② 晩ご飯を作っている最中に彼女から電話がかかってきた。
      Elle m'a rappelé alors que j'étais en plein milieu de la préparation du dîner.

文法担当　Grammaire
　庵功雄（Isao Iori）　　高梨信乃（Shino Takanashi）　　中西久実子（Kumiko Nakanishi）
　前田直子（Naoko Maeda）

執筆協力　Collaboration rédactionnelle
　亀山稔史（Toshifumi Kameyama）　澤田幸子（Sachiko Sawada）　新内康子（Koko Shin'uchi）
　関正昭（Masaaki Seki）　　　　　田中よね（Yone Tanaka）　　鶴尾能子（Yoshiko Tsuruo）
　藤嵜政子（Masako Fujisaki）　　　牧野昭子（Akiko Makino）　　茂木真理（Mari Motegi）

編集協力　Collaboration éditoriale
　石沢弘子（Hiroko Ishizawa）

フランス語翻訳　Traduction en français
　東伴子（Tomoko Higashi）　　ソニア・悠希セルミ（Sonia Yuki Selmi）

イラスト　Illustration
　佐藤夏枝（Natsue Sato）

本文レイアウト　Mise en pages
　山田武（Takeshi Yamada）

編集担当　Éditeur
　井上隆朗（Takao Inoue）

みんなの日本語　中級Ⅱ
翻訳・文法解説　フランス語版

2014年3月10日　初版第1刷発行
2021年5月12日　第2刷発行

編著者　スリーエーネットワーク
発行者　藤嵜政子
発　行　株式会社　スリーエーネットワーク
　　　　〒102-0083　東京都千代田区麹町3丁目4番
　　　　　　　　　　トラスティ麹町ビル2F
　　　　電話　営業　03（5275）2722
　　　　　　　編集　03（5275）2726
　　　　https://www.3anet.co.jp/
印　刷　倉敷印刷株式会社

ISBN978-4-88319-620-3　C0081
落丁・乱丁本はお取り替えいたします。
本書の全部または一部を無断で複写複製（コピー）することは著作権法上
での例外を除き、禁じられています。
「みんなの日本語」は株式会社スリーエーネットワークの登録商標です。

みんなの日本語シリーズ

みんなの日本語 初級Ⅰ 第2版

- 本冊（CD付） .... 2,500円＋税
- 本冊 ローマ字版（CD付） ... 2,500円＋税
- 翻訳・文法解説 .... 各2,000円＋税
  英語版／ローマ字版【英語】／中国語版／韓国語版／ドイツ語版／スペイン語版／ポルトガル語版／ベトナム語版／イタリア語版／フランス語版／ロシア語版（新版）／タイ語版／インドネシア語版／ビルマ語版／シンハラ語版
- 教え方の手引き .... 2,800円＋税
- 初級で読めるトピック25 ...... 1,400円＋税
- 聴解タスク25 .... 2,000円＋税
- 標準問題集 .... 900円＋税
- 漢字 英語版 .... 1,800円＋税
- 漢字 ベトナム語版 .... 1,800円＋税
- 漢字練習帳 .... 900円＋税
- 書いて覚える文型練習帳 ..... 1,300円＋税
- 導入・練習イラスト集 .... 2,200円＋税
- CD 5枚セット .... 8,000円＋税
- 会話DVD .... 8,000円＋税
- 会話DVD　PAL方式 .... 8,000円＋税
- 絵教材CD-ROMブック .... 3,000円＋税

みんなの日本語 初級Ⅱ 第2版

- 本冊（CD付） .... 2,500円＋税
- 翻訳・文法解説 .... 各2,000円＋税
  英語版／中国語版／韓国語版／ドイツ語版／スペイン語版／ポルトガル語版／ベトナム語版／イタリア語版／フランス語版／ロシア語版（新版）／タイ語版／インドネシア語版／ビルマ語版
- 教え方の手引き .... 2,800円＋税
- 初級で読めるトピック25 ...... 1,400円＋税
- 聴解タスク25 .... 2,400円＋税
- 標準問題集 .... 900円＋税
- 漢字 英語版 .... 1,800円＋税
- 漢字 ベトナム語版 .... 1,800円＋税
- 漢字練習帳 .... 1,200円＋税
- 書いて覚える文型練習帳 ..... 1,300円＋税
- 導入・練習イラスト集 .... 2,400円＋税
- CD 5枚セット .... 8,000円＋税
- 会話DVD .... 8,000円＋税
- 会話DVD　PAL方式 .... 8,000円＋税
- 絵教材CD-ROMブック .... 3,000円＋税

みんなの日本語 初級 第2版

- やさしい作文 .... 1,200円＋税

みんなの日本語 中級Ⅰ

- 本冊（CD付） .... 2,800円＋税
- 翻訳・文法解説 .... 各1,600円＋税
  英語版／中国語版／韓国語版／ドイツ語版／スペイン語版／ポルトガル語版／フランス語版／ベトナム語版
- 教え方の手引き .... 2,500円＋税
- 標準問題集 .... 900円＋税
- くり返して覚える単語帳 .... 900円＋税

みんなの日本語 中級Ⅱ

- 本冊（CD付） .... 2,800円＋税
- 翻訳・文法解説 .... 各1,800円＋税
  英語版／中国語版／韓国語版／ドイツ語版／スペイン語版／ポルトガル語版／フランス語版／ベトナム語版
- 教え方の手引き .... 2,500円＋税
- 標準問題集 .... 900円＋税
- くり返して覚える単語帳 .... 900円＋税

- 小説 ミラーさん
  ―みんなの日本語初級シリーズ―
- 小説 ミラーさんⅡ
  ―みんなの日本語初級シリーズ―
  .... 各1,000円＋税

スリーエーネットワーク

ウェブサイトで新刊や日本語セミナーをご案内しております。
https://www.3anet.co.jp/